全国资产评估高等教育实验教学研究会年会暨

第二届实验教学研讨会论文集

资产评估专业建设与实验教学研究

Construction of Asset Appraisal Speciality and
Research on Experimental Teaching

全国资产评估高等教育实验教学研究会
广东财经大学财政税务学院
内蒙古财经大学财政税务学院
主 编

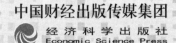
中国财经出版传媒集团
经济科学出版社
Economic Science Press

前　言

　　资产评估行业是现代高端服务业的重要组成部分，资产评估具有价值发现、价值管理和价值引导功能，在促进我国市场经济发展、规范市场秩序、实现资源合理配置、保障国家金融安全、促进经济结构调整等方面具有不可或缺的作用。

　　伴随着"一带一路"倡议的推出，以及我国企业"走出去"和对外投资的不断推进，资产评估行业在规范境外并购市场经济秩序、引导资源全球范围内合理配置、服务境外国有资本管理、维护公共利益等方面将发挥重要作用，资产评估行业前景广阔。

　　为把握资产评估业务拓展新机遇，促进资产评估教育教学的发展与交流，受全国资产评估高等教育实验教学研究会委托，由内蒙古财经大学财政税务学院承办的"全国资产评估高等教育实验教学研究会年会暨第二届实验教学研讨会"于 2017 年 6 月 16 日至 18 日在内蒙古呼和浩特市隆重举行。本届论坛的主题为"资产评估实验教学研究"，重点围绕资产评估实验教学经验交流和案例分析、教学方法研究、实验软件研制，以及资产评估实验教学改革的新理念、新思路等资产评估教学、实验问题开展研讨，旨在推动我国资产评估学科建设、专业建设，提升资产评估实验教学水平，促进理论与实践相结合，促进兄弟院校、行业协会和评估机构之间的合作与交流。来自研究会各理事单位、开设资产评估专业高校、评估机构的专家、学者出席论坛并进行专题演讲。

与会专家学者以不同视角对我国资产评估实验教学有关问题进行了积极的探讨与交流，对此，我们表示衷心的感谢。这里，我们遴选会议论文 20 余篇，结集成册。论文集编审中的错漏与不当之处，敬请作者和读者指正。

编　者
2018 年 9 月

目 录 / *Content*

企业价值评估模拟实验思路与方法

郭 昱[*]

企业价值评估模拟是多学科知识的综合运用，该过程有助于培养学生的科学分析能力，并构建独立分析判断框架。模拟实验教学目标的综合性对教学实践提出了更高的要求。特别是在市场变革过程中，实践教学面临的挑战越来越多，教师需要不断地观察和总结，对案例进行调整或修正，以保证教学的时效性与科学性。

课堂模拟的困境

企业价值评估课程模拟综合性强，资产评估、会计学、财务管理、税法、金融学、战略管理等相关学科的内容综合在一起，需要学生对市场有一定的了解，才能真正理解评估结果的经济含义。在多年的模拟课堂中，笔者发现存在下列问题。

1. 对会计知识的理解不够深入

会计核算资料是企业价值评估的基础数据资料。资产基础法评估中，需要按照资产、负债的每一个单项科目分别进行评估；收益法中，需要根据历史财务数据，做出至少 5 年自由现金流的预测；市场法中，需要依据

* 郭昱，博士，副教授，注册资产评估师，工作单位为上海立信会计金融学院会计学院。

财务分析结果，选择合适的可比公司与指标。

无论哪种方法，都要求学生能够综合理解会计知识，掌握不同科目之间的关系，理解会计核算的账面价值与评估要求的市场价值之间的概念差异。若对会计知识理解不够透彻，即使在资产基础法中运用会计恒等式，也不能正确理解评估所做的市值资产负债表与会计资产负债表的内涵差异。

2. 对税法的综合应用能力不够

企业价值评估中，无论是资产基础法中的单项资产，还是收益法中的现金流预测，都离不开税法的相关知识。课堂模拟中，学生难以从企业整体的角度综合运用所学的税法知识。例如，2016 年 5 月的"营改增"对房地产开发企业的单项资产存货价值产生了影响，同时对企业价值评估也产生了影响；土地增值税在单项资产产权转移中容易理解，但在企业整体产权转移中，土地增值税的评估和披露与资产所在地的征收细则相关，需要分别对待。

3. 对资本市场缺乏了解

企业价值评估的交易背景往往是并购重组，理解并购重组要求对资本市场有一定的了解。多年的课堂模拟中发现，对市场的认知是学生最薄弱的环节。这一弱点直接导致关键参数评估出现较大误差时，学生也难以察觉。例如，计算错误或参照物选择不合理，导致 WACC 远低于行业正常水平，甚至低于无风险利率；选择可比上市公司时无从入手，随机选择；对于不同方法的评估差异无法做出合理解释。

学生视角的思考

1. 应该提供了解资本市场的渠道

多数学生在参与实务之前，对资本市场是完全陌生的。打破校园与社会的隔离，仅凭学生个人尝试，往往存在盲目性，最便捷高效的手段是利用成熟的数据库或金融资讯终端。在案例设计中，留置一定的空白，让学生学会在专业金融终端中独立查询市场参数，在掌握工具的过程中，也逐步培养出对市场的感觉。通过自己观察动态变化的市场所建立的分析体系，将远胜于教师的单向灌输。

2. 尽量解决小组合作的"搭便车"问题

案例和模拟教学中，分组"角色模拟"是最常用的教学方法。在这种教学方式中，分组人数、成员分工是学生较为关注的问题。分组人数可以根据课时灵活调整，成员分工则比较困难。每个班级都有一定比例的学生等待"搭便车"，因此，无论是自由组合，还是按学号强制分组，都会产生矛盾。只有尽量在工作量相等、工作难度类似的环节分组，才能较好解决学生矛盾。例如，收益法评估中，现金流预测要求独立完成，β 系数的计算则可以安排三人一组完成，每人完成一家上市公司的分析与选择，三人合作完成目标公司的 β 系数计算。

3. 提供多学科知识综合的教学载体

学生在不同的课程中掌握了不同的知识点，多学科综合分析能力不是学生自己可以解决的，需要以案例为载体协助学生建立综合分析框架。在有限的课时内，在限定的交易背景下，案例应兼顾几个学科中核心知识点，以清晰的线索贯穿下来。例如，收入预测中，统计学的趋势分析、经济学中的市场特征、管理学中的战略分析、财务管理中存量资产的生产能力分析与增量资产的预测判断等知识点可以结合在一起，帮助学生学会多维度思考，初步建立立体的分析框架。

三、
案例改革的探索

在"大数据＋云计算"和"大数据＋人工智能"的发展趋势中，"大数据＋云计算"解决了数据计算，"大数据＋人工智能"提供了决策集，评估人员面对的将是海量数据结果与决策集。评估人员的角色将从技术分析向决策分析转变，决定在系统中提取哪些数据、判断最优决策。因此，能够解读数据，针对案例做出决策判断，将是未来案例教学的改革方向。

资产评估实验教学
——理论与实务的桥梁

赵国玲[*]

社会经济发展需要多元化人才，培养具有自主学习能力、实践创新能力、团队合作能力，能在生产和管理岗位上解决实际问题的应用型本科人才是高校的发展目标。实践教学不仅仅是理论教学的一个延续，还与理论教学密切相关、相辅相成。强化以实践能力为重点的应用能力培养是应用型本科教育重要的价值取向。资产评估专业是一个实践性要求很高的应用型学科，学生不但要学到系统的理论知识，还应该具备较强的实践操作能力。资产评估实验教学搭建了理论与实务的桥梁，有助于培养学生的实践操作能力、提高学生的岗位适应能力，并在培养学生的创新意识和创新能力方面起到重要作用。

国家层面实践教学的高度

在《教育大辞典》中，实践教学是相对于理论教学的各种教学活动的总称，包括实验、实习、设计、工程测绘、社会调查等。旨在使学生获得感性知识，掌握技能、技巧，养成理论联系实际的作风和独立工作的能力。

* 赵国玲，管理学博士，教授，工作单位为内蒙古财经大学财政税务学院资产评估系，主要研究方向为资产评估理论与实务。

1. 国家高等教育政策对实践教学的要求

《国家中长期教育改革和发展规划纲要（2010 – 2020 年)》中要求：创新人才培养模式，坚持教育教学与生产劳动、社会实践相结合，特别是在高等教育领域，不断强化实践教学环节，着力培养学生的学习能力、实践能力、创新能力。与理论知识传承与积累相比，大学教学在社会实践、科学实验、生产实习和技能实训等方面的要求明显提高，实践教学的价值与意义比以往任何时候都更为凸显。

《国家教育事业发展"十三五"规划》中要求：强化学生实践动手能力，践行知行合一，将实践教学作为深化教学改革的关键环节，丰富实践育人有效载体。引导高校从治理结构、专业体系、课程内容、教学方式、师资结构等方面进行全方位、系统性的改革，把办学思路真正转到服务地方经济社会发展上来，支持一批地方应用型本科高校建设，重点加强实验实训实习环境、平台和基地建设，鼓励吸引行业企业参与，建设产教融合、校企合作、产学研一体的实验实训实习设施，推动技术技能人才培养和应用技术创新。

从《国家中长期教育改革和发展规划纲要（2010 – 2020 年)》和《国家教育事业发展"十三五"规划》中可以看出，国家层面的顶层设计为我们实践（实验）教学提出了思路、指明了方向。

2. 实现应用型人才培养目标的重要途径

教育的目标是促进人的发展，所以教育应该为实现人更好的生存和发展做准备。英国教育家赫伯特·斯宾塞（Herbert Spencer）曾经说过："为我们的完美生活做好准备，乃是教育所应完成的功能。"因此，从人才培养角度来看，确定人才培养目标应以促进学生未来发展和适应社会为目标，将学生未来的生存和发展作为重要的基础。

学习的最终目的不在于求知，而在于致用。实验教学相对于理论教学更具有直观性、综合性、实践性，在强化学生素质教育和培养创新能力方面有着重要的、不可替代的作用。在科技教育高度发展的今天，高校应把实验教学建设同理论教学建设、学科建设、专业建设有机而紧密地结合起来，做到同步建设与发展，以适应培养实践能力和创新能力人才的时代要求。

美、英、日等国的大学实验（实践）教学时数比例达50%，而我国大学实验（实践）教学时数只占总学时的10%，比例明显偏低，而经济管理类大学实践（实验）教学时数则更低，实践（实验）教学的软硬件设施都比较薄弱，无法真正实现应用型人才培养的目标。实验教学作为经济管理类专业人才培养的重要组成部分，对培养学生的动手能力、分析解决问题的能力、正确的思维方法及严谨的工作作风等起着不可替代的作用。培养学生的"知识、能力、素质"，特别是培养学生的创新意识、创新能力，更需要通过实践环节，通过实验来达到目的。

评估机构对人才培养的要求

笔者通过对评估从业人员及机构管理者进行深入了解，从需求角度了解评估人员的需求及管理者对从业人员的基本要求。其中98.1%的事务所负责人都希望毕业生在校期间有实践操作的经验，缩短将来从业的适应期。而接近100%的评估人员都希望在校期间有过评估实践（实验）操作经历，为未来从业打下良好的基础。下面是实务界人士对高校资产评估专业人才培养的要求。

1. 具备较强的数据分析能力

通过调查，评估机构87.2%的人员认为，具有较强的数据分析能力很重要，如果在校期间经过数据分析能力的锻炼，对于未来工作将有很大的帮助。

（1）大数据时代，要求评估人员具有数据甄别、分析及对数据进行详细研究和概括总结并形成结论的能力。数据分析可帮助人们做出判断，以便采取适用行动。评估人员在执业的过程中，需要对搜集的数据资料进行筛选、研判，提炼有用的、准确的数据资料，为评估的准确性打下良好的基础。例如，对于设备的生产厂家或经销商提供的产品目录或者价格表、报纸杂志的广告等，需要评估人员从海量数据中分析其有效性和可靠性；利用账务数据，对企业未来获利能力进行科学预测等。捷思法（heuristic approach）又称为经验法则，依照认知心理学上的解释，捷思法是人类在形成判断时为了减少资讯处理上的负担，常会舍弃较为复杂的决策程序而依赖经验上直觉可行的快速思考途径。而这些经验上的直觉需要有长期的相关经验的积累。

（2）进行探索性数据分析，发现数据之间新的特征。评估过程中，有时还需要进行探索性数据分析，发现数据之间新的关系及特征。例如，当获得相关资产的报价之后，怎样得到最终成交价格，也就是报价与成交价之间的关系，需要评估人员进行探索性分析，发现二者之间的最终关系。有时还需要根据上、下游产业关系来分析判断数据之间的关系及特征。

2. 较强的岗位适应能力

岗位适应能力主要涉及从业者的职业道德、专业知识和业务能力。而其中业务能力可以通过情节模拟、实际操作等方式加以锻炼。

72.7%的评估人员认为，其刚进入评估领域时岗位适应能力较差，无所适从。有32.6%的人认为其岗位适应能力影响了个人发展。在利用评估软件的公司中，有七成评估机构人员在最初接触评估软件时无法快速适应及利用软件；而有的机构会计人员与评估人员使用同一软件，软件的难度操作系数会更高。未来评估过程使用软件是一种大趋势。资产评估实验可以较好的模拟工作和实际工作环境，做好从学生向职业人的积累和转变，切实提高职业素养及岗位适应能力。

3. 具有主动探索、大胆创新的精神

创新是我们在转型发展中站稳脚跟的坚实根基。现代社会需要具有创新精神、实践能力强的高素质人才。资产评估是市场经济中推动生产要素合理流动、实现经济资源优化配置、促进经济活动正常运行的重要环节，在服务经济和社会发展中具有十分重要的作用。资产评估的服务领域从国有制扩大到各类所有制，服务链条不断延伸至企业改制、担保融资甚至海外并购；提供服务类型从估值业务向咨询业务拓展，并不断深入新兴领域，如税基评估、PPP 评估、互联网等。党的第十八届中央委员会第五次全体会议提出，要坚持创新发展，必须把创新摆在国家发展全局的核心位置。可以说，创新是未来中国经济发展的突破口，是资产评估市场转型发展的新引擎，也是对评估人员的从业要求。

被调查的评估人员中，有 67.9% 的人希望评估人员有创新精神，以适应现代经济社会发展的需要。创新是评估人员必须具有的职业素养。在国家供给侧结构性改革大背景下，资产评估作为价值发现和价值管理的重要手段，应为国家的供给侧结构性改革提供支持，发挥其应有的功能。在资产评估近三十年的发展过程中，在传统领域，同质化的竞争不但无序，也无法体现评估人员的能力和水平；而新的领域需要评估人员主动探索、大胆创新，提供差异化服务，提高服务的附加值，体现评估人员的能力和水平。

实验教学满足资产评估应用型人才培养的需求

资产评估是集理论性与技术性于一体的应用型学科，不仅有完整的理论体系，而且拥有一套规范的专业操作程序和方法，对评估从业人员的实际操作能力要求较严格。资产评估本身的特点，决定资产评估教学不仅要传授评估人员基本理论知识，更要培养其较高的动手操作能力和分析、解决问题的能力。只有两者有机结合，才能培养出理论基础扎实、专业实践能力强、上岗适应能力快的评估人员，以满足用人单位的人才需求。资产评估实验教学，是整个教学过程中理论联系实际、培养学生实践能力的重要环节之一，能够使学生在试验过程中在"知识、能力、素质"整体上得到全面的提升，满足应用型人才培养的目标。

1. 评估全过程，实验教学软件可助力完成

（1）评估工作程序可以直观地通过实验教学软件来完成。

资产评估工作共分为八个流程：评估业务基本事项、业务约定书、评估计划、现场调查、搜集评估资料、评定估算、评估报告、工作底稿归档。把实际业务中的工作流程通过情景演示的方式表现出来，可以直观地了解业务流程，提高了学习的趣味性和生动性。例如，现场勘查环节用动画的形式表现，让实验参与者如同亲临现场，轻松愉快地掌握评估程序问题。

（2）评估指标和参数的确定。

在一个评估项目中，最难的不是方法的确定及计算过程，而是在不同的评估目的下价值类型的选择、资料的收集、各种指标和参数的确定和选择，这些问题实践中需要资产评估人员自主做出职业判断。而理论知识讲解和应用举例中，基本所有的参数和指标都已给定，或者需要简单的计算就可以得到，需要学生分析和研判的机会很少，不能锻炼学生的综合分析及判断能力。而资产评估实验可以模拟实务过程，需要学生运用所学的理论知识对资料进行分析、研判，自行确定指标及参数，独立做出判断，并给出合理的解释。实验过程既是理论知识应用的过程，也是实践经验的积累过程。

（3）评估报告的撰写。

评估报告既是一份对被评估资产价值发表专业意见的重要法律文件，又是一份用来明确资产评估机构和评估师工作责任的文字依据，因此，文字表达既要清楚、准确，不能模棱两可，又要提供充分的依据说明，还要全面叙述整个评估的具体过程。评估人员需要提供能够满足委托方和其他评估报告使用者合理需要的评估报告，并在评估报告中提供必要的信息，使评估报告使用者能够合理理解评估结论。

在我们的授课过程中，只给学生讲授资产评估报告的内容及格式，而对资产评估报告的撰写却很少涉及。因此，学生没有机会撰写评估报告，对评估报告写作的基本要求及技能的训练也就无法进行。而资产评估报告的撰写也要经过不断的训练，才能达到纯熟的境地。在资产评估实验教学过程中，把单项资产（单项评估包括房地产评估、机器设备评估、无形资产评估等模块）、整体资产（企业价值）作为评估对象，根据不同的评估目的，进行评估全过程模拟实训，既可以训练上述几方面的能力，又可以训练撰写评估报告的能力，补充了理论教学的不足。

2. 实验教学——资产的价值发现和价值创造的孵化基地

资产评估作为生产要素市场提供价值发现和价值创造等专业服务的经济活动，成为市场经济一个不可或缺的组成要素。在现实经济活动中，需要评估人员具有敏锐的洞察力，发现资产的价值增长点，并通过资产的最大最佳使用，达到价值创造的目的。

在评估实验教学中，可以通过各类资产的评估，模拟各种资产的组合，实现资产的最大最佳使用，训练学生的价值发现与价值创造能力。另外，在实验中可以突破法律、制度的约束及有关固有理论的约束，大胆尝试，可能会有意外产生，达到资产评估价值发现和价值创造的目的，而很多的价值发现和价值创造都是历经坎坷终成正果的。

3. 开放式的实验教学体系，满足不断发展的资产评估实务的需求

现代实验教学理念，要求实验教学强化学生创新精神的培养。应用型本科实验课的类型，既要有常规性操作技能训练项目，又要注重开发学生创新能力的设计性实验、创新性实验等。将模仿、探索式、开放式实验教学方法有机结合起来，建立开放式的实验教学体系，充分调动学生的积极性，激发学生的学习兴趣，将课堂知识与评估实务很好的结合起来，最终形成服务于资产评估实务需求的实验教学是我们的最终目的。

参考文献

［1］刘俊萍：《对资产评估课程教学改革的思考》，载于《合作经济与科技》2011 年第 8 期。

［2］谷增军：《高校资产评估专业实践教学的困难与对策》，载于《中国管理信息化》2010 年第 8 期。

［3］吴娅玲：《关于高校财务管理专业实验教学的思考》，载于《产业与科技论坛》2012 年第 10 期。

［4］赵明刚：《美国高校的实践教学模式评析》，载于《教育评论》2011 年第 1 期。

［5］贺邦靖：《资产评估市场创新与发展》，载于《中国资产评估》2015 年第 2 期。

案例教学法在资产评估专业的实施与探讨

——以企业价值评估课程为例

许　晶[*]

　　我国资产评估行业发端于20世纪80年代末的中外合资合作及国有企业改革，成长于90年代的建立社会主义市场经济体制和国有企业改革。[①]20多年来，我国资产评估行业执业范围和服务领域日益拓展，资产评估机构和从业人员队伍不断发展壮大，为经济体制改革提供了不可或缺的价值服务，已经成为市场经济不可或缺的重要力量。关于资产评估行业未来的发展，业界和学界一致认为，资产评估专业人才建设是行业发展的根本。因此，高校肩负着为资产评估行业提供现代化的专业技术人才的重任，这决定了资产评估专业人才培养需要与行业需求紧密结合，而资产评估专业人才培养目标也决定了资产评估专业实践性和应用性的特点。

　　基于资产评估专业的这些特点，案例教学法在开设资产评估专业的各高校中已经达成共识。在课程教授过程中引入案例，将专业理论渗透在评估实务中，有利于学生理解和掌握理论知识，培养学生实务操作能力，同时有助于提高学生发现问题及分析、解决问题的能力。各高校开设的资产评估专业核心课程包括企业价值评估、房地产评估、机器设备评估和无形资产评估等课程，本文以企业价值评估这门课程为例，对案例教学法在资产评估专业中的应用进行探讨，并提出一些思考和建议。

---

　　* 许晶，经济学博士，讲师，工作单位为广东财经大学财政与税务学院。

　　① 财政部企业司、中国资产评估协会：《中国资产评估行业迎来了前所未有的发展机遇》，http://qys.mof.gov.cn/zhuantilanmu/zcpghyjd/index.html。

案例教学法在资产评估专业中的应用状况

1. 案例教学法的适用性

资产评估专业的实践性和应用性，决定其人才培养目标是"学以致用，服务社会"。因此，我们在教学过程中要注重对学生评估理论和实践结合的培养，促进评估理论和评估实务的交融。传统教学模式以教师课堂讲授理论知识为主，辅以习题练习，这种教学方式对于应用型课程而言，效果并不理想。经常的情形是教师讲得口干舌燥，学生听得昏昏欲睡。学生不仅对理论知识点的掌握懵懵懂懂，更谈不上实践能力的提升。

案例教学法是采用一个或者数个案例，引导学生参与问题界定、问题分析和问题解决的教学方法（陈慧荣，2014）。这种方法不同于传统的教师传授—学生被动接受的教学方法，而是通过鼓励学生积极参与讨论主动学习和接受知识，教师在其中扮演设计者和引导者的角色。案例教学法起源于美国，于20世纪80年代传入我国教育界并开始广泛应用，实践证明这是一种理论与实践相结合的行之有效的教学方式。

案例教学法在很大程度上解决了传统教学形式单一、内容枯燥、理论与实践脱节的问题。从知识来源看，案例教学中的自学和讨论打破了传统课堂单一性的知识来源，学生既可以通过案例过程中的自学，主动查询资料获得直接性的知识；也可以通过"头脑风暴法"，由团队的激烈讨论中获得启发性的知识；还可以从教师对案例的点评与总结中获得升华性的知识。从记忆和感悟程度看，学生在主动学习的过程中获得的这些知识，远比在传统课堂上被动接受的知识更为深刻。从学习内容看，案例教学法与传统教学注重讲授事物及其关系，即"是什么"的机制模式不同。案例教学法主张学生主动发现问题、分析问题和解决问题，尤其强调解决问题，即"如何做"，从而提升学生的实际操作能力（朱尔茜，2013）。

案例教学法在帮助学生提供大量"如何做"的意见的同时，由点及面，有助于学生将碎片化的知识串联成一个体系，将理论知识融会贯通，加深对资产评估实务的理解；同时，教师对案例分析和解答的过程，也是自身理论知识升华、实践能力提升的过程，真正实现了教学互长的目的。因此，案例教学法已经在资产评估专业教学中达成了共识，学界普遍认为该方法是一种行之有效的教学方法。

2. 案例教学法的应用模式

在实践中，案例教学法一般包括三种形式。

一是引入式案例。目的在于揭示现象、说明问题，进而引发学生对后续理论更深入的思考。例如，当讲授企业价值评估概念时，我们可以通过对比两个学生熟悉且反差较大的公司（如中国工商银行和阿里巴巴集团），启发学生一系列的思考：什么是企业价值；企业价值的决定因素是什么；如何评估企业价值。两个公司的净利润水平和估值结果的反差越大，学生对公司的熟悉程度越深，学生对理论的理解和掌握程度就越好。又如，讲解价值类型概念时，抽象的理论概括通常让学生感到迷茫，而通过讲解实际案例和实务部门的操作，学生对此概念的理解会更加清晰。

二是讨论式案例。目的在于巩固学习效果、检验学习水平，加深学生对重点的掌握和对难点的理解。讨论式案例具体可以分为两种模式：其一是结果开放式的讨论模式。例如，关于企业价值评估方法的知识点讲授之后，教师可以选取几个不同行业的企业（如重工企业、互联网企业、银行业等）或者处于不同成长阶段的企业（如成长型企业、成熟型企业和濒临破产企业），让学生运用所学知识讨论选用何种方法进行评估。在学生讨论的过程中，由教师提出相关问题，引导学生分析不同类型企业的特征，了解和掌握不同方法的适用前提、理论基础，从而判断选择哪一种或几种方法，最后由教师对学生讨论的过程和结果进行总结评价。其二是纠误式讨论模式。例如，在讲授某个理论知识点后，引入一个结果错误的案例，从而引导学生对该错误结果进行探讨，分析错误结论形成的原因并得出正确的结论。通过这种从结论到原因的反向讨论，培养学生发现问题、解决问题的能力。这两种讨论模式相辅相成、相互结合，频繁使用某一种模式可能导致学生思维疲劳，两者结合更容易激发学生的兴奋点。

三是模拟式案例。即模拟实际企业的价值评估。教师教授完某一种或几种企业价值评估方法和程序后，可以引入具体案例，组织学生按照企业价值评估实际操作流程，模拟评估操作过程，并引导学生对模拟的企业价值评估案例进行分析，指出模拟过程中的重点和难点，最后由教师进行点评和指导。模拟式案例实际是由学生扮演资产评估师，开展接手案例——制订评估计划——收集和分析资料——评估过程和结果等一系列资产评估程序和工作，从而实现理论和实务操作衔接的目的，使学生走出校门后能够更快适应资产评估实务工作。模拟式案例的关键环节在于案例，案例的真实性决定了学生参与的积极性和感悟的程度。这种方法不但可以使学生掌握知识，还可以培养学生分析问题、思考问题、解决问题的能力，提高学生的思维能力、口头表达能力、书面语言的表达能力以及组织和创造能力（赵剑锋，2013）。

具体实践时，案例教学法可采用小组讨论，也可以大课堂讨论，不同形式的案例教学法倾向不同。但无论哪种形式的讨论，关键是让每一个学生都有表达自己见解的机会，让每一个学生都能独立思考、参与其中，防止学生"搭便车"。这样才能充分调动学生的主动性和积极性，形成生动活泼的教学氛围，达到培养和锻炼学生独立分析问题、解决问题的能力，以及理论和实践相结合的目的。

案例教学法在资产评估专业应用中的审视

尽管案例教学法在资产评估专业教学中得以广泛应用，但仍存在许多问题。具体表现在：（1）部分学生认为"理论与实务有很大差距"，有些实务问题教材并未涉及（郭昱、李亮，2012）。（2）多数教师讲授案例时，仅对案例进行粗略的分析，并不能透过某个案例引导学生更深入的思考和探讨，因此很难使学生达到举一反三的效果（孙旖旎，2012）。（3）课堂讨论有时并未达到预期效果，学生参与的积极性不高，主动发言的较少，甚至出现冷场的情况，导致教师只能采用传统"满堂灌"的讲授模式（孙旖旎，2012）。（4）部分学生在进行案例模拟时，整个计算过程机械地照搬教材，案例模拟成为了一次复杂的习题作业，无法达到训练学生独立思考的目的。（5）企业价值评估案例资源不丰富，案例教材建设滞后，部分《企业价值评估》教材更新不及时。例如，有些教材仍在沿用 2004 年底实施的《企业价值评估指导意见（试行）》，事实上该指导意见已经废止，自 2012 年 7 月 1 日起开始施行《资产评估准则——企业价值》。此外，教材中使用的案例数据经过加工整理，理论性远大于实务性，类似于习题练习，学生融入感不强，无法真正实现理论和实务的有效衔接以及学生实务操作能力的提升。

之所以存在这些问题，本文认为可以从以下三个方面解释。

1. 评估实务的复杂性和资产评估学科界限的模糊性

（1）评估实务的复杂性。企业产权交易行为复杂多变，企业类型不同、评估目的不同，所使用的价值类型、评估技术都会不同。因此，郭昱、李亮（2012）认为，课堂教学不可能涵盖全部交易案例，只能选取典型案例引入教学环节。这是学生感觉理论与实务差距较大的原因之一。

市场环境的变化决定了资产评估实务的复杂多变，通过校园学习一劳永逸地解决所有问题，这既不现实也不科学，因此，课堂上选取的案例只能是反映主要矛盾、解决主要问题的典型性案例。事实上，案例教学法通过理论和实务的衔接，不是就案例谈案例，而是重在培养学生发现问题、分析问题和解决问题的能力。学习迁移理论认为，一个人在解决问题的过程中所形成的解决问题思路，会迁移到以后的问题解决活动中去，从而提高未来决策的效率（朱尔茜，2013）。资产评估实务虽然复杂多变，但是一系列的工作流程、评估技术具有相通之处，因此，当学生在未来实务操作中面临相似的工作情境时，以往的知识与经验就可以"迁移"到实际决策中，使学生可以更快适应资产评估实务工作，提高工作效率，这也就达到了我们赋予案例教学的期望。

（2）资产评估学科界限的模糊性。资产评估行业经过近 30 年的发展，执业范围和服务领域都发生了很大的变化，从传统的资产评估到当前的税基评估、政府绩效评估，使资产评估这门学科的界限不断发生变化，也使课堂教学面临巨大挑战。资产评估行业是以市场需求为导向的，同时兼具较强的政策性。经济环境、市场需求的改变，势必引起资产评估相关的法律、法规和评估准则的修订及完善，进而导致评估假设、评估技术和价值类型等改变（周娟，2009）。例如，《资产评估法》已于2016年7月出台，相关的各项准则正在重新修订。然而，评估类的各种教材未必能够及时更新，这导致资产评估理论的发展和案例建设滞后于行业实际。

2. 教学双方的能力不能完全达到开展案例教学的要求

案例教学法尽管有别于传统枯燥的讲授，可以调动课堂气氛，创造生动活泼的教学局面，但是案例教学法对教学双方都提出了较高要求，"理论与实践相结合"式的教学难度远大于"纯理论"（朱尔茜，2013）。

（1）对教师而言，不仅需要对企业价值评估理论体系进行全面、深刻、系统的理解，同时必须具备丰富的企业价值评估实践经验，以及驾驭和控制课堂、引导各方讨论、组织案例教学的能力。学生在案例模拟过程中会出现各种问题，这些问题既有共性的，也有意料之外的。对这些问题的解答，如果没有丰富的实践经验、深厚的理论基础以及对案例的透彻了解，教师很难自如应对学生提问、指出学生思维误区，更不用说引导学生和评析讨论内容。这种案例教学的开展，很难达到激发学生兴趣、提高学生理论联系实际的能力的目的。

当前资产评估实践教学体系中，深厚的理论功底和丰富的实务经验相匹配的教师非常稀缺。一方面，高校教师大多缺乏企业价值评估实务经验，因此很难对评估案例进行透彻的专业化的分析和评价；另一方面，有着丰富实务经验的资产评估师的理论体系和课堂组织能力比较欠缺，同样无法达到预期效果。

（2）对学生而言，需要改变以往被动接受的听课模式，投入更多的精力，提高学习的主动性。例如，某个参数的计算可能有多种方法，这就要求学生在进行案例模拟的过程中，付出更多的时间和精力查阅相关资料，主动了解不同方法的适用性，思考如何合理确定参数。在形成结论的过程中，学生的判断可能出现误差，但是这种主动思考、主动学习的能力的培养，正是案例教学要达到的目的之一。相反，如果学生只把案例模拟当成习题作业，整个计算过程都是凭感觉或者机械地照搬教材，那么案例教学的效果将很难达到。

此外，学生听课积极性不高也可能与学生的经历有关。由于没有实务工作的经验，使其对企业价值评估某些知识的感悟不深。例如，企业价值评估信息的收集，该知识点对于实务工作是非常有用的，但是对于资产评估专业本科的学生来讲，由于尚未接触实际的评估工作，所以这部分内容对他们来讲显得枯燥苍白，大部分学生对此兴趣不大。然而，郭昱、李亮（2012）对已经开始实习或者刚进入实务部门工作的学生进行调查却发现，学生对于如何查询和使用数据库、如何询价等存在明显困难。显然，这些正是评估信息收集的内容。

3. 关键性的案例数据可获得性较差

案例教学法的核心在于案例，而当前资产评估教学中，教师对于评估案例的搜集、整理与分析等方面的工作存在明显不足。尽管市场内产权交易行为频繁，尤其是近几年国内各行业内公司并购重组活动加剧，为企业价值评估提供了丰富的素材，但是案例模拟中所需的各种数据资料，尤其是企业的财务数据，由于涉及商业秘密未必完全公开，这为案例的选取设置了一定的门槛，使部分教学案例只能"隔靴搔痒"，无法提供学生真实的实务体验。此外，用于教学的案例要具有典型性和普遍适用性，能够反映企业价值评估的主要问题，完全照搬照抄实际评估案例并不可取。因此，从专业的角度对案例进行遴选显得尤为重要，这又对教师的理论素养和实践能力提出了要求。

案例教学法在资产评估专业实施的思考和建议

不可否认，个体间存在差异，学生能力的培养并不是一蹴而就的事情；此外，学生是否有时间和精力，或者愿意去研读案例、收集和整理数据资料，模拟评估操作，这些都会成为案例教学法有效实施的制约因素。但是，对于这些因素本文暂不进行讨论，因为这可能会涉及教学计划、教学培养模式甚至整个教学体制等一系列前提性的问题。重要的是，教师应该如何做。案例教学法的关键在于案例，但案例建设确实也存在一些客观

制约因素。尽管有这样的困难，但是本文还是认为，教师可以从以下方面
进行提升。

1. 选取有效案例

案例是案例教学法的灵魂和生命，其选择是否恰当直接决定案例教学
的成败（朱尔茜，2013）。教学案例首先应当具有典型性和真实性（彭赤
兵，2009）。典型性的案例能够有效反映案例事实和理论知识的对应关系，
有助于学生通过案例模拟和分析，深入理解和掌握企业价值评估的基本理
论和技术方法。而真实的案例，尤其是贴近学生生活的案例，则有助于激
发学生的积极性和创造性。例如，部分学者通过调查发现，学生对于诸如
"人人公司""手游公司"等自己感兴趣的企业，或者是贴近自己生活的企
业，表现出了更大的兴趣（陈蕾、王敬琦、朱宁洁，2015）。笔者发现，
学生围绕企业价值评估这一选题展开研究时，较多的学生选择了影视传媒
企业、房地产企业和金融企业进行案例分析，而对于传统的制造企业则很
少有人涉及。因此，教师在运用案例教学法时，可以适当选取一些热点行
业的案例或者本土案例，激发学生参与案例研究的热情。其次，教学案例
要具有时效性。例如，2010 年以前，企业价值评估结果大多以资产基础法
为主，而近几年实务操作中则多以收益法结果为主。企业价值评估课程的
实务性决定了评估案例需要经常更新，保证其时效性。

此外，教学案例还应当具有一定的启发性。以企业价值评估案例为
例，这意味着评估案例在满足教学目标的基础上，或者能够进一步引导学
生深入思考企业价值的本质，或者能够启发学生通过整个案例的模拟，总
结进行企业价值评估的一般经验，从而达到举一反三的效果。

2. 设计适用的案例教学组织形式

案例是为教学目标服务的，是建立在理论教学基础上的。在案例教
学中，教师的角色是导演者（彭赤兵，2009）。因此，案例教学首先要
求教师在透彻理解理论的基础上，对案例内容、评估过程及其可能出现
的问题和案例要揭示的深层次的评估现象有着清晰的了解和掌握，这样
教师才有熟练地驾驭课堂、掌控课堂的能力。其次，教师还有必要借鉴

前人经验和专业实际，设计一套适合自己的教学流程，把握教学进度，以便有效流畅地开展案例教学。最后，在案例教学中，教师要清楚自己的定位，即在案例研讨中，教师是一个引导者和组织者。例如，在案例分析讨论中，教师要通过问题引导学生独立思考，而不是成为传统的"讲解员"。案例讨论结束，教师要对整体情况进行总结评价，指出学生分析讨论中的优点和思维误区，并引发学生深入思考，为下一次案例分析或者模拟奠定基础。

3. 编写经典案例教材，丰富案例资源库

当前，我国关于企业价值评估的案例教材并不多，而能够全面系统地梳理经典案例并将其有机融入企业价值评估理论知识体系中的理想教材就更是稀缺了。实务界案例虽然丰富，但是考虑到客观因素制约，我们还是得依靠自己。

（1）通过各种途径全面收集资产评估实务领域和学界的案例研究并进行系统整理，具备条件的高校还可组织教师和专家编写资产评估教学文献库与案例库，并及时进行更新。

（2）积极与评估机构合作，研究和提炼一批经典案例。具备条件的高校，尤其是评估行业发展活跃的地区，可以与评估机构合作建设实践基地，提炼一批经典案例。

（3）以全国资产评估高等教育实验教学研讨会为平台，加强与兄弟院校的沟通和联系，共同探讨案例教学的开展模式，共享案例库，依靠整个资产评估学界的力量推动案例库建设和教材编纂，进而推动整个资产评估学科的发展。

或许这样的工作不一定具有现行科研评价体系下的学术价值与地位（李友根，2015），但对于探索我国资产评估专业的案例教学、教材编写模式，尤其是对于提高我国资产评估人才培养质量与效果而言，应当是有意义的。

4. 重视教师队伍的教学素质培训

"师者，先行者也，艺娴为尊。"案例教学法对教师的知识结构、教学能力、实践能力提出了更高的要求（朱尔茜，2013），尤其是实践能力，一直以来都是诸如会计、金融、资产评估等应用型专业的教学"瓶颈"。这固然和当前的教学体制有一定关系，但是对于资产评估专业的教师而言，我们依然可以从以下三个方面努力，打破这种"瓶颈"效应：第一，鼓励和支持教师到具体实务部门，如资产评估机构、财政税务部门、事务所等实习和锻炼，提高实务操作能力。第二，积极参加中国资产评估协会举办的师资培训班，注重同优秀的实务工作者沟通和交流；借助高校资产评估实践教学研讨会的平台，和同行们针对实践教学展开学术交流，"取人之长，补己之短"。第三，鼓励教师到国内外资产评估专业发展水平较高的院校交流、进修或做访问学者，提高专业修养，实现资产评估教育师资和国际接轨。

客观因素的制约、基础的薄弱不应当成为我们推卸责任的理由，特别是面对经济新常态下资产评估行业的迅速发展与资产评估人才培养的现实呼吁，我们应当尽自己最大的努力，从最为基础的工作开始，发挥资产评估学界整体的力量，逐渐推进案例教学，开创案例教学新局面。

参考文献

［1］陈慧荣：《案例教学的方法论基础——以公共管理教学为例》，载于《中国大学教学》2014 年第 9 期。

［2］陈蕾、王敬琦、朱宁洁：《资产评估课堂实践教学的差异化探索：资产评估基础课程的例证》，载于《中国资产评估》2015 年第 8 期。

［3］郭昱、李亮：《关于企业价值评估案例教学的探讨》，载于《财务与会计》2012 年第 8 期。

［4］嵇尚洲、范瑞、田思婷：《经济新常态下"企业价值评估"教学转型的思考》，载于《黑龙江教育（高教研究与评估）》2016 年第 7 期。

［5］李友根：《论基于案例研究的案例教学——以"经济法学"课程为例》，载于《中国大学教学》2015 年第 3 期。

［6］彭赤兵：《资产评估案例教学探索》，载于《消费导刊》2009 年第 3 期。

［7］孙旖旎：《资产评估专业企业价值评估课程案例教学实践探讨》，

载于《中国乡镇企业会计》2012 年第 6 期。

［8］赵剑锋：《案例教学模式在资产评估课程中的实施与探索》，载于《金融理论与教学》2013 年第 6 期。

［9］周娟：《资产评估课程案例教学研究》，载于《财会通讯》2009 年第 7 期。

［10］朱尔茜：《我国金融学科案例教学的现状、问题及对策》，载于《现代大学教育》2013 年第 3 期。

资产评估实验课程的教学改革
——基于东北财经大学实验教学经验

赵振洋　张莹莹　常　丽[*]

近年来我国资本市场迅猛发展，资产评估业因其特有的专业功能在市场经济中占据了重要地位，业务量急剧增加，加之国家提出供给侧结构性改革和《资产评估法》出台的大环境，现有评估人员的数量和质量远远不能满足行业需求。作为重要的人才"输送地"的高校，如何培养出应用型和复合型的高素质人才是目前亟待解决的问题。目前高校中资产评估的教学模式仍然偏向传统的课堂理论教学，而在实验教学上还很欠缺，为了使学生走出校园后尽快适应工作、满足市场对评估人员的需求，实验教学改革迫在眉睫。

实验课程的特殊性与重要性

资产评估实验教学通常包括知识准备、实验演示、实验操作和实验评价等教学环节。实验开始前，实验教师应当做充分的准备，进行先行实验，精心设计教学模式，以保证实验过程的顺利实施。实验教学由教师组织与引导，注重以学生为中心，充分发挥学生的主动性，在实验平台上自主应用资产评估的理论知识创造新的知识技能，体现学生的创新精神。

---
　* 赵振洋，讲师，工作单位为东北财经大学会计学院/中国内部控制研究中心。张莹莹，工作单位为东北财经大学会计学院。常丽，教授，工作单位为东北财经大学会计学院/中国内部控制研究中心。

1. 实验课程的特殊性

实验课程是将理论和实践相结合的过程，要求学生具备一定的理论基础后才能进行，因此实验课程一般安排在理论课程之后。实验课程对场地、硬件软件设施的要求都较高，需要专门的实验室和专业的评估软件；实验课程对学生和教师的要求较高，要求授课教师有充足的实践经验，积极地引导学生进行思考，同时要求学生积极参与。实验课的主导应该是学生而非教师，教师要做的就是调动学生的积极性，引导学生自己解决问题，相对于传统课堂教学，这些对学生和教师都是很大的考验。

2. 实验课程的重要性

（1）有利于强化对学生理论知识的理解。资产评估是一门实践性很强的学科，单纯的理论讲解是很抽象的，学生很难理解。通过实验教学让学生真正的感受和参与到评估实务中，这样不仅理论知识得到了巩固，而且培养了学生基本的计算机操作能力、动手能力、思考能力和创新能力。

（2）能激发学生的积极性，培养他们学习本课程的兴趣。传统的课堂教学学生很难有参与感，一般都是老师主导。而实验课程需要摆脱枯燥的理论讲解，转变成提出问题、解决问题的过程，可以激发学生的学习热情，培养他们对资产评估的兴趣。实验课程中老师只负责引导，真正的主导是学生，通过亲身体验、亲自操作，学生成为积极的参与者，获得主动学习课堂知识的技能。

（3）有利于督促年轻教师综合教学能力的提高。进行实验教学的教师除了要有扎实的理论基础，还要有一定的评估实践经验。实验教学可以激发年轻教师不断地学习和研究实践知识的动力，积极主动地提高自身的教学能力以及应对实际问题的能力。实验教学对于长期从事课堂理论教学的专业教师而言是一个挑战，他们要思考如何结合教学大纲进行实验课程的安排、实验课程的组织、实验素材的寻找、实验指导书和实验教学大纲的制定、实验课程的考核等方面的问题。更为重要的是，专业课教师要通过自身的努力，使实验教学达到辅助理论教学、提高学生实践能力这一根本目的。

资产评估实验课程现状

1. 学生的重视程度不足

习惯了传统的课堂理论学习的学生认为实验课程只是换一个环境的理论课，并没有认识到实验课程能给他们带来什么。再加上学校制定的培养方案和培养模式并没有突出实验教学的重要性，在课程教学的安排上理论课程的比重远远高于实验课程，这些都导致了学生在面对实验教学时参与的积极性不高，而学生的参与度在很大程度上影响着实验教学的效果。

2. 年轻教师的实践能力有待提升

资产评估是一门"年轻"的学科，教学队伍里大多数是刚刚博士毕业的年轻教师，年轻教师本身有扎实的理论基础，但是却缺乏在事务所、资产评估机构工作的实践经验，无法使学生更加直观认识资产评估的具体实务。缺乏实践经验的年轻老师的实验课程只能为学生提供一些操作规范上的指导，不能更多涉及真实的实务案例的分析评价，这样实验课程就变成换了环境的理论课。

3. 实验课程与实务存在差距

为了简化计算，帮助学生理解，现在很多教材的案例都是经过"处理"或者简化的，这样的"处理"使课程用到的案例与实务存在差距，学生不能感受真实的评估环境，这样的案例无法锻炼学生在实际处理评估问题上的能力。没有完整的具有代表性的教学案例，导致现在的实验课程将评估过程拆成各个"独立"的小部分来进行，学生不能构建对某一类资产完整的评估过程的认识，这样的差异使实验课程违背了其提高学生实践能力的本意。

4. 硬件、软件设施问题

开展实验教学的必要条件是硬件的支持，没有必备的实践基地也就无法进行实验教学。目前有很多学校还没有配备专门的实验室，即使成立了实验室也面临硬件不足的问题。此外，切身感受真实的工作环境可以帮助学生更加直观的了解评估的实务工作，也可以引起学生对实验课程的重视度，然而多数学校缺失校外的实训基地。图1为东北财经大学资产评估专业的培养目标及方案。

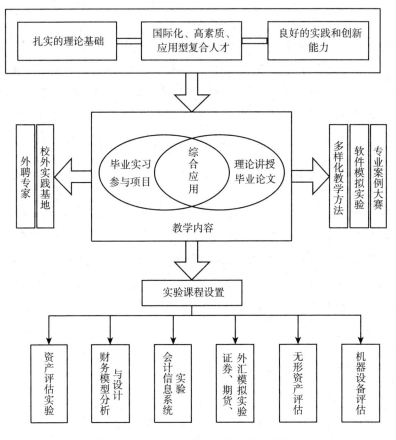

图1 东北财经大学资产评估专业的培养目标及方案

基于东北财经大学实验教学经验提出解决对策

1. 合理设置培养目标和培养方案

针对大学生的培养方案是他们大学生涯的路标，是对他们大学学习的总体规划。通过合理的设置培养目标和培养方案可以引导学生重视实验教学，重视培养自己的实务操作能力。另外，也可以通过增加实验课课时的比例、改革课程考核方式来提高学生的重视程度。在课程的安排上采用理论课、实验课穿插的方式，既能让学生及时巩固所学理论，又能激发学生的兴趣、提高重视程度。

2. 加强师资队伍建设

师资队伍素质的提高可通过内部培养和外部引进两种途径来实现。一方面，鼓励年轻授课教师多多参与资产评估机构的实践调研，可以迅速获取丰富的职业经验，这对提高课堂教学水平大有裨益；另一方面，聘请资产评估专业的"双高"人才到校兼职任教。东北财经大学资产评估专业通过与众华资产评估机构、正安资产评估机构、元正资产评估机构以及华信信托股份有限公司等专业评估机构和企业建立长期战略合作关系，为学生提供充足的校外实践机会，并聘请评估人员担任资产评估课程的兼职教师或者实习指导教师。这样内外结合的实验教学既有扎实的理论作为基础，又有真实丰富的实践经验做引导，符合实验教学的初衷。

3. 完善实验教学的内容与教学设计

通过资产评估实验课程的学习，使学生在掌握资产评估基本理论、基本方法的基础上，进一步熟悉资产评估的实务操作步骤，加深对同步理论知识的理解，逐步积累职业判断经验，提高资产评估专业能力。东北财经大学资产评估实验教学的内容通常分为三个部分，由若干实验项目组成。第一部分为资产评估实验基础，介绍资产评估实验平台、实验软件的操作方法，以及评估实验数据的获取与处理方法；第二部分为资产评估单项实验，主要包括房地产评估实验、机器设备评估实验、无形资产评估实验等；第三部分为资产评估综合实验，主要包括企业价值评估收益法实验、企业价值评估市场法实验、企业价值评估资产基础法实验等。

4. 丰富和完善实验教学案例

实验教学对案例的要求比较高，必须贴合实际，紧跟时代，关注资产评估行业的最新动态。例如，推行"营改增"时，实验案例应更关注"营改增"对房地产评估方法中企业税负的影响；《资产评估法》实施后，实验案例应更关注这一基本法对资产评估实务的影响。同时，大力鼓励教师带领学生参与资产评估的相关案例大赛，建立和不断丰富资产评估实验课程的案例库。除此之外，无论是案例的编制和选择，还是每一案例教学环节的设计，都应紧扣培养目标和课程目标，并且尽量选择学生感兴趣的真实发生的案例，提高学生的学习热情和参与的积极性。

5. 加强实验室建设，完善实验设施

扩大实验室的规模，增加设备经费的投入，购置满足学生实验要求的必需设备。东北财经大学资产评估实验课程依托会计学院的辽宁省重点会计实验室，利用实验室已有的关键设备单独设立了资产评估实验室。资产评估实验室面积约 300 平方米，拥有实验软件、计算机终端设备以及其他配套设备等，价值合计约 120 万元。

尽可能与软件公司、经销商与售后服务人员形成长期友好的合作关系，由其提供先进的实验教学所用的软件和技术服务与指导，并随着软件的不断开发和升级及时更新。东北财经大学资产评估实验室目前使用的教学软件是鼎信诺资产评估系统 V6.0（C/S 构架），我们正在建立 B/S 构架的实验平台，供学生在互联网上使用。

参考文献

[1] 陈艳利、刘国超：《〈资产评估法〉的立法变革与作用机理实现路径的探讨》，载于《中国资产评估》2016 年第 12 期。

[2] 赵振洋、廖奕宸：《中美资产评估法律比较》，载于《中国资产评估》2017 年第 1 期。

[3] 杨银娥、张建斌：《"营改增"对房地产在建工程抵押价值评估的影响分析》，载于《中国资产评估》2016 年第 11 期。

[4] 田林：《资产评估法立法理念解读》，载于《中国资产评估》2016 年第 9 期。

[5] 乔永峰：《资产评估教学实验系统分析与设计》，载于《内蒙古财

经大学学报》2014 年第 2 期。

［6］赵剑锋：《案例教学模式在资产评估课程中的实施与探索》，载于《金融理论与教学》2013 年第 6 期。

［7］吕林根：《资产评估案例教学方法研究》，载于《财会通讯》2011 年第 5 期。

资产评估信息库的构架

乔永峰*

资产评估信息库建设的背景

（一）资产评估信息库建设的现状

我国资产评估行业始于 20 世纪 80 年代末，是一个新兴行业。但现今经济体制改革带来大量企业的产权变动，使资产评估行业在最近这 20 多年来得到突飞猛进的发展，从最开始的手工操作逐渐向无纸化飞跃。

1. 行业管理建设现状

2000 年初，中国资产评估协会（以下简称"中评协"）信息网站建成，并在互联网上开通试运行。时至今日，中评协网站已运行十多个年头，成为中国资产评估行业内部信息交流及各界人士了解评估行业的最重要信息平台。中评协网站主要设有协会介绍、新闻动态、办事指南、专业文库、地方协会、咨询园地等六大栏目；同时提供了部分常用数据库的接入平台：法律法规数据库、机电产品价格数据库、宏观数据数据库、上市公司数据库、企业价值评估模型数据库和专家库。

目前，中国资产评估协会信息网站提供的信息已覆盖了新闻资讯、执

* 乔永峰，副教授，工作单位为内蒙古财经大学财政税务学院资产评估系，研究方向为资产评估、企业管理。

业管理及执业数据支持三大基本方面，并通过把各地方的协会组织联系在一起，初步形成了具有一定规模的空中信息网络，在一定程度上满足了评估机构及从业人员对相关信息的需求。但在已开通的各项栏目中，资讯型栏目所占比例比较高，而服务于执业的数据支持类信息还有待进一步开通、拓展和完善。

企业业务管理的信息化程度既反映了企业应用信息技术的水平，也会影响企业未来的发展进程和规模。在这个信息化高度发展的时代，大多企业都引入了 ERP 系统。但资产评估机构作为对数据信息要求较高的行业，对搜集信息数据方面要有很高的手段和技术，因此，评估机构内部管理的信息化程度对资产评估机构做得更大、更强、更优，以及资产评估行业的不断发展具有重要意义。

评估机构的内部管理主要有业务管理、人员管理、财务管理及相关支持性资料管理等。就目前发展状况看，为了便于内部管理，部分评估机构已经以计算机和网络为手段，逐步建立起了高效、便捷的现代办公体系，如采用 OA（office automation）协同网络办公系统，利用技术手段提高办公效率，实现办公的自动化处理。在评估项目管理系统方面，由于资金投入较大，维护成本较高，除个别规模较大的评估机构外，绝大多数评估机构并未进行项目管理软件的开发。

目前的资产评估机构项目管理系统，已可以实现按照资产评估准则相关要求，对评估的全过程（从业务约定书的签订直到出具正式报告后的底稿归档）进行流程化控制，并涵盖对项目的进度安排、人员调度、质量控制及业绩考核等全方位的综合管理功能。高层次的项目管理系统也可与客户维护系统结合，成为评估机构的 ERP。已投入使用的项目管理系统在提高机构项目管理的效率和规范化程度方面均收效显著。

2. 执业系统信息化建设现状

由于资产评估的过程中对数据有十分严格的要求，既要求数据的准确性，又要求数据的专业性，这就需要有极强的收集数据的能力。在当前信息建设情况下，有好多问题还不能得到解决。因为没有确切的标准，评估人员在评估过程中收集到的数据信息多种多样，造成评估结果不一。评估行业整体信息化水平不高，不同评估机构的信息化水平差异较大。当前中国资产评估信息化建设已经有了明确的方向，但仍然处在建设的初级阶段，在很多方面还存在着问题和不足。

（二）资产评估信息化建设必要性

资产评估作为一个中介服务行业，在规范资本运营、维护经济秩序、促进经济发展等方面发挥着重要作用，是我国市场经济发展不可或缺的重要力量。资产评估的主要工作就是对资产进行重新估价，是一种动态性、市场化的活动。随着资产评估越来越广泛地介入经济生活，资产评估行业和资产评估师在经济生活中的影响也越来越大，社会地位不断提高。21世纪是信息化的时代，生活中、行业中的方方面面都运用着信息技术，作为知识密集型的资产评估行业对信息化的需求更高。因此，资产评估行业信息化建设对资产评估的发展有着重要的意义。

资产评估信息化虽然无法代替资产评估人员对于资产状况的实际考察，但作为管理人员和评估人员，提高工作的效率是十分重要的。在企业化的环境中，资产评估机构日常管理工作和业务管理工作都需要信息化的支持，来改变当前手工处理效率太低、结果不准等方面的缺陷。资产评估机构的需求会随着经济业务的变化而变化，应结合评估工作中所需信息来进一步丰富和完善资产评估信息系统的结构。应该全面提高对资产评估行业信息化建设重要性的认识，建立统一的资产评估信息标准体系，鼓励和扶持有条件的评估机构在信息化建设方面进行创新，最终在整体上提高资产评估行业的水平。

中国资产评估行业信息化建设的目的

资产评估的主要工作是为资产提供公允价值，根据各种经济业务的不同性质，模拟市场交易条件，为经济业务中的交易各方提供公允的市场价值尺度。资产评估的过程中不仅需要资产的历史数据，还需要对资产的具体使用状况进行考察，并对资产未来的收益进行预测以及对资产市场价值的最终把握等。在评估的整个过程中，涉及大量的数据处理和分析，数据又十分复杂琐碎，仅凭借人工操作和经验分析既费力又耗时，而且评估结果往往会偏离其正常的市场价值。因此，资产评估信息库的建设对资产评估机构及评估项目的监控和管理都有极大的帮助，资产评估信息化可以提高评估的工作效益和业务质量，降低评估师和评估机构的执业风险，增强评估机构的社会公信度，提高评估机构在社会中的地位。

首先，资产评估信息化管理建设能够加强评估机构决策层与执行层之间的直接沟通，可以通过信息管理对评估工作人员进行实时监督，及时了解评估项目的完成进度。其次，信息化建设是时代未来发展的趋势，借助信息化是提高执业效率和提高管理水平最有效的手段，信息化程度的高低也决定了资产评估行业开展专业领域评估业务的质量和效率。再其次，信息化建设为资产评估行业的业务拓展提供机遇。让市场信息的查询更加便捷，信息科技的使用更加广泛，为评估师提供更有力的工具。最后，信息化的建设有助于行业的国际化发展。信息化的建立将提供更多国际市场的数据，提供更多支持判断的信息，在未来会逐渐拉近与国际平均水平的距离。

资产评估本身就是一种信息产业，需要通过技术信息和市场信息的结合才能得出科学的评估结论，未来资产评估的发展将会从软件化到无纸化，从网络化到无国界，最终实现资产评估的专业化、规范化、国际化和信息化的全面发展。因此，加快对资产评估的信息化建设对加快资产评估行业的发展起着推动性作用，是进一步规范行业管理，提高管理效率，提升行业服务水平的重要举措。要通过开发和建设行业数据库，形成较为完善的行业职业数据服务体系，加强资产评估信息化建设重要性的宣传，提高评估人员的素质，从整体上提高行业的服务水平。

资产评估信息库的构架

2008 年，中国资产评估协会印发了《中国资产评估行业信息化建设规划（征求意见稿）》，根据此文件，结合有关资产评估信息的分析，将资产评估信息主要分为两大框架：一个是资产评估管理部分，包括行业管理和机构管理；另一个是资产评估执业操作部分，包括各项资产的评估系统，具体有机电设备评估、企业价值评估、无形资产评估、房地产价值评估及其他资产的评估等（见图1）。

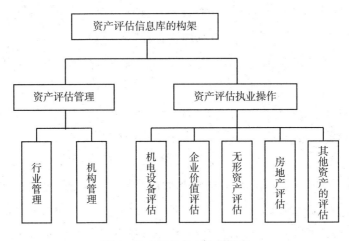

图1　资产评估信息库的构架

（一）资产评估管理部分

资产评估规范是指导资产评估行业健康发展，约束评估人员执业行为的一系列法律、法规和制度的总称，是在资产评估领域内起作用的一种社会意识形态。作为一种标准，它帮助评估人员解决如何工作的问题，为评价评估工作提供客观依据；作为一种机制，它是保障和促进评估活动达到预期的一种制约力量。资产评估规范主要包括资产评估法律、法规规范，资产评估准则规范，是对评估人员的要求，对评估机构的规定，对评估方法、手段与操作规程的要求，为评估监督和管理提供标准的规范。资产评估行业规范具体举措有：

（1）成立了行业组织。1993年12月，中国资产评估协会成立，标志着中国资产评估行业由政府直接管理开始向政府监督指导下行业自律性管理过渡。

（2）建立了注册资产评估师制度。1995年，国家国有资产管理局、国家人事部共同发布了《注册资产评估师执业资格制度暂行规定》和《注册资产评估师执业资格考试实施办法》，该办法规定，注册资产评估师由国家人事部和国家国有资产管理局共同管理。凡通过国家统一考试合格者，就能取得"执业资格证书"，证明该人员已具备执业的能力和水平，经过注册取得"注册证"后即可进行执业。

（3）规范了评估机构管理。1997 年底提出了评估机构都要与挂靠单位或原上级部门脱钩，办成规范的、由评估师出资的有限责任公司或合伙人事务所，并对评估师人数提出要求。1998 年开始实施评估机构的脱钩改制工作，1999 年底全面完成。

（二）资产评估执业操作部分

1. 机电设备评估

（1）概念和评估方法。

机电设备是指人类利用机械原理以及其他科学原理制造的、特定主体拥有或者控制的有形资产，包括机器、仪器、装置、附属的建筑物等。主要分为通用设备、专用设备、交通运输设备、电气设备、电子及通信设备、仪器仪表、计算器具等。机电设备的评估方法应根据评估对象、价值类型、收集到的材料来进行具体选择，可以使用成本法、市场法和收益法，其中运用成本法的居多，包括通用非标准设备价格估算方法、引进技术和进口设备费用计算方法等，如果运用具体的评估系统，评估人员就可以通过简洁的界面输入一定信息，从而得出评估价格。

（2）评估机电设备的具体信息。

由于机电设备种类繁多，所以将数据库分为：机电产品、常用材料、电子设备、汽车、二手设备等。具体信息包括机电设备介绍、名称、型号及型号释义、规格及规格释义、参数、价格、生产商等主要信息，以及设备工作原理、用途、实物图片等附属信息。

评估设备所需数据包括：一是取费标准。在评估机电设备中常用到一些取费标准，如安装费取费标准、运杂费取费标准、基础费取费标准等。二是相关参数。首先，在评估机电设备中要求组织专门人员分设备类别、分设备加工能力及产量、分设备知名程度，并对各类机电设备规模经济指数进行测算。在保证有关规模经济指数科学、合理的前提下，相关参数可以作为机电设备评估的一个重要标准，避免个别评估人员在价格评估的过程中掺杂过多个人观念，从而提高设备评估的客观性和科学性。其次，设备评估过程中要求列出国家公布的海关进出口关税税则、税目表以及部分机电产品的价格走势情况、国外出口产品分类价格指数、有关国家国内生产者价格指数等，为评估人员判断机电设备价格走势提供更多的参考。

2. 企业价值评估

（1）概念和评估方法。

企业价值是通过企业在市场中保持较强的竞争力，通过持续发展来实现的。企业价值体现在企业未来的经济收益能力上。企业价值评估就是通过科学的评估方法，对企业的公平市场价值进行分析和衡量。与企业价值理论相比，实际操作中评估企业价值的方法多种多样，利用不同的评估程序及评估方法对同一企业进行评估所得到的结果往往不同。主要评估方法有收益法、市场法、成本法。在实务中应用较广的是收益法，其主要思路是将企业的未来现金流量分为两段，从现在至未来若干年为前段，若干年后至无穷远为后段。前段和后段的划分是以现金流量由增长期转入稳定期为界，对于前段企业的现金流量呈不断地增长的趋势，需对其进行逐年折现计算。在后段，企业现金流量已经进入了稳定的发展态势，企业针对具体情况假定按某一规律变化，并根据现金流量变化规律对企业持续营期的现金流量进行折现，将前后两段企业现金流量折现值加总即可得到企业的评估价值。

（2）评估企业价值的具体信息。

其一，基本信息。上市公司基本信息介绍包括企业名称、法人代表、注册资本、所属行业、所在地区以及企业简介。

其二，财务指标。指企业盈利能力状况、资产质量状况、债务风险状况和经营增长状况等，用于整体评价企业会计报表所反映的经营状况。具体包括的指标有反映企业盈利状况的净资产收益率、总资产报酬率、营业利润率、盈余现金保障倍数、成本费用利润率、资本收益率等；反映企业资产质量状况的总资产周转率、应收账款周转率和不良资产比率、流动资产周转率、资产现金回收率；反映企业债务状况的资产负债率、已获利息倍数和速动比率、现金流动负债比率、带息负债比率、或有负债比率；还有反映企业经营增长状况的营业增长率、资本保值增值率和营业利润增长率、总资产增长率、技术投入比率。

其三，行业专项指标。行业包括工业、建筑业、交通运输仓储及邮政业、信息技术服务业、批发和零售贸易业、住宿和餐饮业、房地产业、内部金融业、社会服务业、传播与文化业和农林牧渔业，行业专项指标因行业区别而不同。

由于企业价值评估时所参考的宏观数据计算比较复杂，一般由国家定期发布，评估师很难通过其他方式获得。所以，以上参考数据一般由中评协或较大的评估所发布，定期更新数据。

3. 无形资产评估

（1）概念和评估方法。

无形资产是指特定主体所控制的，不具有实物形态，对生产经营长期发挥作用且能带来经济利益的资源。无形资产分为可辨认无形资产和不可辨认无形资产。可辨认无形资产包括专利权、专有技术、商标权、著作权、土地使用权、特许经营权等；不可辨认无形资产是指商誉。无形资产评估是根据特定目的，遵循公允、法定标准和规程，运用适当方法，对商标进行确认、计价和报告，为资产业务提供价值尺度的行为。

现行的无形资产评估计算方法主要有市价法、收益法和成本法三种。市价法是根据市场交易确定无形资产的价值，适用于专利权、商标权和版权等的评估，一般是根据交易双方达成的协定以收入的百分比计算无形资产的许可使用费；收益法是根据无形资产的经济利益或未来现金流量的现值，适用于商誉、特许经营权等的评估，此方法关键是确定合适的折现率或资本化率；成本法是计算替代或重建某类无形资产所需的成本，适用于那些能被替代的无形资产的价值计算，也可估算因无形资产使生产成本下降、原材料消耗减少或价格降低、浪费减少和更有效利用设备等所带来的经济收益，从而评估出这部分无形资产的价值。

（2）评估无形资产的具体信息。

其一，基本信息。项目的基本信息包括资产名称、所有人信息、评估信息。无形资产信息包括资产类型、是否注册以及使用年限。

其二，评估方法中的模型参数。包括模型内涵、参数含义、应用范围、注意事项、参数名称、所用参数公式、参数历史值、当前值、获取来源，以及模型应用范围。

其三，影响无形资产评估的外部因素。包括经济因素、社会因素、市场因素和技术因素四个方面。经济因素有国民经济参数、物价指数、景气指数和证券股票指数；社会因素有宏观政策指标、人民生活指标、社会效益和法律规定；市场因素有市场概况、获利能力和投资指标；技术因素有用户指标、成本费用指标和技术状态。

由于无形资产评估过程中的参数多、不确定性强，所以无形资产的评估要由规模较大、基础较好的评估机构来完成。

4. 房地产价值评估

（1）概念和方法。

房地产价值评估就是由持有执业证书的专业人员，根据评估目的，遵循估价原则，按照估价程序，运用估价方法，在综合分析影响房地产价格因素的基础上，结合估价经验及对影响房地产价格因素的分析，对房地产的特定权益以及在特定时间最可能实现的合理价格所做出的估计、推测与判断。它实质上不是估价人员的定价，而是模拟市场价格形成过程将房地产价格显现出来。

用于评估房地产价值的方法包括成本法、收益法、市场法、假设开发法和基准地价修正法等。其中，应用较为普遍的是市场法和基准地价修正法。市场法的应用前提是交易市场活跃，存在大量可比案例，评估机构可考虑联合相应原始数据部门进行数据收集整理，建立全面的交易数据库，为评估房地产价值提供参考数据；基准地价修正法是以基准地价和标定低价为核心，利用基准地价评估成果，在将估价对象宗地的区域条件及个别条件与其所在区域的平均条件进行比较的基础上，确定相应的修正系数，以此修正系数来修正，从而得到宗地价格。

（2）评估房地产价值的具体信息。

房地产价格评估的信息主要包括房地产交易信息和基准地价信息两部

分。其中，房地产交易信息包括交易时点信息，即交易时间；交易对象信息，即建筑物名称、位置、结构、建筑面积、建成时间等；交易价格信息，即交易价格、同一楼盘开发商报价及价格走势图、价格指数等相关价格信息。基准地价信息包括基准地价数据，具体有各地基准地价、基准地价图、样点地价分布图、相应说明等；修正体系，即年期修正系数、日期修正系数、容积率修正系数等；评估模型，即基于前两部分的数据导入评估模型，计算得到待估宗地的地价。

由于房地产评估是各单项资产评估中需求量较大的评估业务，而评估过程中较为常用的市场法和基准地价法对大量基础数据的依赖程度又较高，因此，能正确地应用数据、合理地建立房地产评估系统是十分必要的。

5. 其他资产的评估

（1）金融资产评估。

金融资产评估是指根据国家有关规定，对金融资产以某一时点为基准日，对其价值进行评定、估算和分析判断的行为，主要方法有假设清算法、现金流偿债法、专家打分法、交易案例比较法等。在多年的金融资产处置实践中，已经积累了许多案例，这些案例能够体现金融资产价值的一般规律，通过数理统计分析方法，分析各种处置因素对资产价值的影响，建立规范合理的评估参数体系，对以后的评估操作有重要的参考作用。

（2）森林资产评估。

森林资产评估是指根据特定的评估目的，按照国家法定的标准和程序，运用科学可行的方法对具有资产属性的森林资源实体以及预期收益进行的价值评估。森林资产评估要把进行评估的林木按照评定方法进行分类，然后通过基础信息来进行计算。

本文通过对资产评估信息库框架的现状分析，发现我国资产评估的信息化建设尚处于初级阶段，有很大的发展空间和必要性。把资产评估的信息化建设提到日程上来，加大对资产评估行业信息化建设的投资力度是当下的首要任务。同时要制定行业的同一数据标准，规范行业数据收集和分析方面存在的落差，取得更多可靠的数据，得到更加贴近事实的结论。在建设过程中不断寻找问题、发现问题并解决问题。信息化建设是一个不断创新进取的过程，资产评估信息化的建设可以充分利用借鉴其他领域的先进技术和思想，从而使其自身能得到更快更好的发展。

参考文献

［1］杨志明、施超：《中国资产评估行业信息化建设现状分析及发展建议》，载于《资产评估行业发展研究报告》2009 年第 4 期。

［2］杨志明：《资产评估行业信息化建设之房地产评估信息系统开发探索》，载于《资产评估行业发展研究报告》2009 年第 24 期。

［3］朱顺泉：《资产评估信息系统的设计方案》，载于《中国会计电算化》1999 年第 7 期。

［4］毕健萍：《资产评估机构信息化建设框架研究》，河北农业大学硕士学位论文，2010 年。

［5］《IT 环境下企业内部获取和运用会计信息的新构架》，www. CHINA - B. com。

［6］王素芬：《信息系统中信息实现过程分析及建模》，东华大学博士学位论文，2007 年。

［7］尹林、王平：《浅谈资产评估业务信息化管理》，载于《中国资产评估》2011 年第 11 期。

［8］《资产评估业（2011—2015）发展策划》，http：//www. ck100. com。

［9］张彩英：《资产评估》，中国财政经济出版社 2008 年版。

从案例到实践的多层次不动产评估实验教学体系设计

唐旭君[*]

本文设定"不动产评估课程"的教学目标为：培养了解房地产市场，掌握不动产评估理论和技术，能从事各类不动产评估实践工作的资产评估专业学生；可从事评估公司、会计师事务所的咨询部门、商业银行抵押信贷风险等相关公司及部门的各类不动产评估业务。为实现此目标，需要完整而有效的案例及实验教学支撑。课程目前已形成从理论讲授、案例讨论到评估实践的层层递进的教学方式。本文将这一教学方式的使用目的、实施过程以及需完善之处进行总结与分享。

案例教学：三个层面案例体系库的完善

课程建立了三个层面的案例教学体系：典型教学案例、教学讨论案例及实验教学案例。

1. 典型教学案例

典型教学案例的目的是为了更好地向学生说明讲授的评估理论及方法在特定评估对象中的运用。因此，这类案例内容完整、方法运用适当，注意与本章的理论和方法的呼应，放在自编教材当中，具有典

＊ 唐旭君，副教授，工作单位为上海对外经贸大学。

型性和代表性。在第一版教材中，共有六个此类案例，没有完全覆盖所有评估对象，我们在教学中予以了适当补充。目前看，至少需要九个此类案例，一方面要补充没有覆盖到的评估对象方面的案例；另一方面需要与时俱进地对一些案例进行替换。并把这九个案例编入教材的第二版中。

2. 教学讨论案例

教学讨论案例的目的是让学生能灵活运用所学，找出评估报告中的问题，深刻理解评估理论及方法。一般采用在学期初由学院另外加印讨论案例的方式，及时发给学生在课堂使用。这也是"资产评估师考试"的常用题型，可以检验学生是否深入理解和掌握了评估的要点。因此，讨论案例也大多来自我国"房地产评估师考试"中的题目，一般是经过简化的评估案例，篇幅不长。因此，适合让学生在课堂上阅读后进行现场讨论，在教师引导下，找出评估案例中的问题，进行修正。学生的讨论表现将计入课程成绩。课堂时间所限，目前我们使用了五个讨论案例。建议在课程每一章中，针对代表性不动产评估对象和方法各设置一个讨论案例，估计七个左右较为合适，每个讨论案例的用时大约 20～30 分钟。从我校的教学实践看，讨论案例的效果很好，学生参与积极性很高，很好地达到巩固理论和方法的目的。

3. 实验教学案例

实验教学案例的目的是让学生感受评估作业中"分析与估算"及"撰写评估报告"的过程，运用所学评估理论和方法，解决实际问题。一个大型不动产评估过程相当复杂，评估报告内容丰富，采用团队协作方式完成。因此，我们也采用小组方式组织实验教学案例的分析与讨论，4～5 人一组。在拿到实验教学案例要求和案例信息（一般 40 页左右）后，在课后自行组织小组讨论，并完成评估报告。课堂安排 2 个学时的时间，让代表性小组进行课堂陈述，并由其他同学进行点评，最后再由教师进行总结。目前我校采用的这个实验教学案例是从一个实际土地评估项目改写而来，配有实验教学手册。[①] 虽然此案例已较为成熟，但已使用了多届，也希望在今后的课程建设中重新编写 1~2 个实验教学案例，丰富实验教学案例库：一方面，涉及不同的评估对象，如商业房地产评估等；另一方面，可适当加入不同难度的案例，更好满足必修与选修不同层次学生需求。这类案例的编写，需要到评估公司或房地产咨询公司采集原始案例并进行改写，编写实验教学案例手册，再运用于教学中。

实践教学：充实并规范实践教学项目

实验教学的目的是让学生体会不动产评估项目的全过程，特别是"现场勘查""收集资料"的过程，同时深化同学对此类房地产评估理论与方法的理解和掌握。实践教学也采用 4~5 人小组形式，课后进行，课堂讨论和总结。一般 1~2 个实践教学项目，每个项目 2 课时完成。实践教学环节的案例准备有两个特点：（1）通过课程实践发现实验教学项目最好在学校周边（我校目前使用"开元地中海商业广场"和"开元名都大酒店"两个项目），方便学生项目调查和资料收集；（2）实践教学项目每年能收集到的资料可能随着时间发生变化，项目本身可能在变化，如商业项目的商业繁华度、业态、商家都可能改变；另外，项目在不同年份能收集到的实时资料差异可能较大，最好能有更多的实践教学项目可供选择，有利于根据当年信息及数据情况选择适合的实践项目，便于学生更好地完成项目评估实践。因此，需要教师在运用实践教学项目之前进行一些相应的准备工作，在周边备选项目中选择适合的实践教学项目发布给学生。

另外，需要撰写完整的实践教学项目手册。由于实践教学项目并没有现成的评估报告可以参考，需要教学团队自行完成项目的评估工作，形成评估报告，从而撰写实践教学项目手册，这项任务较为复杂。

---

① 该案例也编入冯体一：《资产评估模拟实验》，中国商务出版社 2012 年版。

配套建设：自编教材与移动网络

1. 自编教材：典型案例的规范与更新

典型案例的代表性和规范性可能随着时间而变化，因此教材的更新在案例教学中也显得非常重要。我校的上一版自编教材出版于 2010 年 9 月，迄今已使用 6 年了。这期间国家发布了新的行业规范和标准，如 2013 年 6 月发布了《房地产估价基本术语标准》、2014 年 7 月发布了新修订的《城镇土地估价规程》、2015 年 4 月新修订了《房地产估价规范》；另外，房地产估价的参考资料也在不断更新，如 2011 年版"上海基准地价"已替代 2003 年版。因此，教材的再版迫在眉睫。现在教材的更新已经在进行中，将于近期出版。

2. 网络教学：充分运用移动网络教学平台

目前课程基于学校 Blackboard 网络教学平台，实现了开放教学资源、发布课程通知和实施网络讨论的三种功能。但课程的互动局限于学生打开电脑进入网络教学平台时，在这个移动互联时代，网络教学可以无处不在。课程如果采用"Blackboard Mobile Learn"或"蓝墨云班课"等移动网络教学平台，可以用手机实现实时网络教学。移动网络教学可以：（1）实时检测教学效果，如在上新课前的回顾中，采用少量小题目实时检验学生对上节课的掌握情况，并将其计入成绩考核。（2）实时辅助实验教学和实践教学，课程的实验教学案例和实践教学项目都是由学生在课后完成的，在其过程中一定会遇到很多问题，原来采用 Blackboard 平台，教师与同学、同学与同学间的讨论反馈时间较长，信息传递不及时，也影响讨论效果。改用移动网络教学平台可以有效改善此问题。多层次不动产评估实验教学体系如图 1 所示。

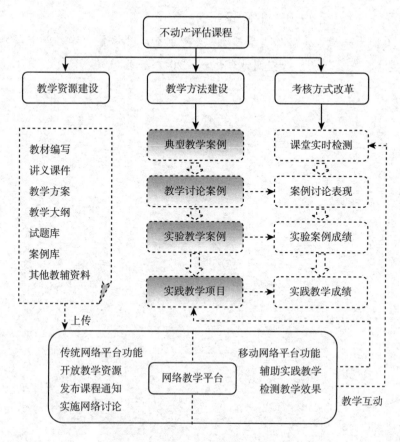

图1　多层次不动产评估实验教学体系

参考文献

［1］赵剑锋：《案例教学模式在资产评估课程中的实施与探索》，载于《内蒙古财经大学学报》2013年第4期。

［2］阮萍：《资产评估案例教学研究》，载于《云南财经大学学报》（社会科学版）2009年第5期。

［3］方媛：《资产评估案例教学模式探讨》，载于《财会月刊》2013年第2期。

［4］霍宗杰、孙红杰：《基于网络信息技术的资产评估学课程案例教学模式探究》，载于《商业会计》2015年第5期。

［5］黄琼、樊千、郭岚：《资产评估专业本科实践教学体系初探》，载

于《经济研究导刊》2014年第32期。

[6] 王克强、张汉松、于坤佳:《关于不动产评估3维教学系统建设的思考》,载于《测绘与空间地理信息》2012年第11期。

高校资产评估本科专业设置的
问题探究
——以辽宁对外经贸学院为例

杨景海*

伴随着越来越多的高校开设资产评估本科专业，资产评估专业人才培养规模不断壮大。资产评估专业学科建设和人才培养肩负着服务国家经济社会建设的光荣使命，是行业实现转型升级的基础保障，同时资产评估本科专业在一定程度上也面临着专业转型的挑战。由于专业设置的社会需求，设立资产评估专业，培养大量资产评估专业人才更是刻不容缓。但是，各高校在资产评估专业设置上仍旧存在诸多问题，而这些问题正是资产评估专业无法深入发展的原因。

资产评估专业设置中存在的问题

1. 专业定位和课程设置问题

资产评估专业是 2013 年新增设的本科专业，隶属于管理学学科。对于新兴的事物，人们总是抱有怀疑的态度，新增设的专业在一定程度上会影响学生的选择心理。已选择此专业的学生对其发展前景产生怀疑，多数是因为对专业设置的领会不足，而多数院校稀缺专业指导方面的教学课程，

* 杨景海，会计学博士，教授，中国资产评估师，工作单位为辽宁对外经贸学院财务系，资产评估专业带头人，研究方向为资产评估、财务管理。

同时对于行业的实时信息更是所知甚少。

专业属性定位不准确和课程设置不合理，是设置资产评估专业的各大院校广泛存在的问题。部分院校对资产评估专业定位不精准，且院校本身存在学科定位和人才培养方案不对应的问题；实践教学内容不系统，没有针对性的人才培养方案，发展目标以及培养方向不够明确，没有详细的特色定位及分析。

开设高校特色专业及与专业需求密切相关的课程是实现人才培养目标的根本要求。现有的教育课程体系并不能体现出其专业特点，因此其培养目标就难以按照标准实现。个别高等院校只是按照资产评估师考试内容开设了相关的单一专业课，而一些基础的课程设置与财务管理、会计学专业课程相重叠。因此，出现了资产评估专业课程设置与其他专业的课程设置的趋同现象，独创性、实例性的课程鲜有出现。

在课程设置上，多数学校都存在着课程倾斜问题，难以做到与培养方案的完美契合，课程安排困难；其主要核心课程安排在大三和大四时期，正值学生们处于考研学习、公务员备考、毕业及实习时间。诸多的因素都与资产评估专业教学发生分歧。

2. 教师队伍建设困难

教育教学师资力量较为薄弱。大部分院校的资产评估专业教师都很少，而且只有少数是真正具有评估师资格的教师，因为资产评估师在社会上依旧属于稀缺人才，在高校中就更少有存在。在多数高校中，专业教师人数明显不足。由于是新设立的专业，师资力量十分贫乏。如何建立一支强有力的专业队伍是设置资产评估专业的一大问题。其专业培养方案要求，资产评估专业的教师不但要具有深厚的理论基础，还要有丰富的实践经历，以及能够把握行业动向、及时更新行业信息的能力。

2011年我国开始招收资产评估专业硕士，当时只有厦门大学设立了完整的评估相关专业。现有高校的评估类教师虽拥有较高学历，但多数不是由资产评估专业毕业的。此外，资产评估本科专业的实践教学对教师具有很高的要求，而任教教师多数都是从高校毕业直接进入学校教学，很少拥有在企业的工作经验，即使拥有扎实的理论，但在实践教学方面仍显不足。

3. 资产评估专业面临转型

结合行业发展规律及其特点，加强专业科研，是提升专业教育的成才率及实现行业人才培养规划的基础。客观地说，由于资产评估是国家在现有市场经济条件下推行的，所以缺少基础理论的研究，其指导方向还保留在原有的老层面上，使资产评估人才缺乏问题加剧，大部分高校难以顺利开展相关专业的教育。资产评估专业在很多高校依旧属于理论型学科，这是很严重的问题，可能导致毕业生的能力不足以满足社会需求。

目前，单一的知识背景使多数从业者只拥有简单的执业能力。想要提升整个行业的执业能力，就要实施行业的继续教育，还要鼓励已就业的评估师在岗位学习进修，培育高水平的人才。同时，也需要对资产评估专业学生在校期间进行大量的知识灌输以及积累大量的实践经验，力争将学生培育成社会上急需的应用型人才。

4. 软件应用及实践教学问题

软硬件的设施建设力度不足。在实践教学中软件问题突出，甚至有学校并没有评估教学软件以及企业专用评估软件。相对于社会需求的应用型人才来说，相应的教学软件对学生的教育会起到很大帮助。社会上经常出现应届毕业生软件操作能力差、工作效率低。

许多高校没有设置实践基地，也没有与相应的企业合作建立配套的实践教学体系，只是依靠单一的课堂教授形式。单一的理论脱离了实践很难体现应用性，并且对学生理解知识也有一定的影响。真实的环境无法诠释，使很多学生在工作初期不能适应工作压力。

资产评估专业设置问题的解决对策

1. 明确定位，制订合理培养方案

建立集中的、全面的知识理论体系，并明确其学科的定位。中国经济蓬勃发展，对于整个评估业而言是百年难遇的好时机，创设注重应用型人

才培养、立足服务于地方的培养目标非常必要。高校应随着经济发展的需要设立专业发展方向，同时增强内在建设；增强教学设施上的建设，合理利用教学资源；制订合理的培养方案，或是在原有的培养方案上进行改革。明确发展方向，需要考虑学校整体的发展目标以及社会的需求等多方面因素。

加强整体教育，突出其专业特色。例如，先掌握税法的内容，有利于学习税基评估，这样就会避免出现对基础知识不了解的现象。同时，合理系统地设置课程体系，紧密拼凑相关内容，阶梯式递进其教学难度，保证每一阶段的课程都有相关的关联。加强对学生职业道德的重视，把职业道德课程纳入其必修课中。为了学生未来的发展，必须加强学生职业道德的建设和团队精神建设。

2. 建立全新的师资力量

提升教育质量，建立优秀的师资队伍。由于教师是培养方案的制定人和最终执行人，所以培养创新型应用人才的关键在于壮大师资力量。因为评估行业本身具有的特点，新出现的评估业务也应该得到足够的关注，可以针对其业务开设新兴课程，用以满足评估行业对人才的全方位需求。完善高素质实践教学队伍的建设，提升"双师型"的教师比重。

在当今社会上，既是教师，又是工程师或者会计师、资产评估师的人才，数量很少，所以站在学校的角度，应该大力支持在岗教师参加资格考试。为了提高实践教学的质量，可以从以下两方面着手：（1）从资金及行动上吸引教育人才。不但要吸收那些具有高素质、高水平的专业教师，还应从评估机构中选聘既具有丰富经验又善于教学的高级评估人才来担任实践教学的指导老师，增强实践教学能力。（2）拟定合理的后期培育计划。鼓励教师在教育教学的同时坚持不断地学习和更新知识的观念；关注行业的最新发展和动向，积极摸索最佳的教学方式；还可以鼓励教师到海内外高水平的学校进行调研学习和相关进修。

3. 扩大招生，推动专业转型

我国一直大力提倡本科高校专业转型，而资产评估属于应用型专业，其专业设置和发展更应该得到高校的鼎力支持。目前多数院校尚未开设资产评估专业，或者即使开设了该专业，因为师资、教学软硬件等多种原因，导致招生困难，招生人数与市场需求量相比之下显得很单薄。

各高校应在不断提高自身教育教学水平的同时增加招生人数，尽快满足市场对资产评估行业人才的需求，平衡专业人才的供需。多数院校的资产评估专业还处于理论型教学阶段，并不能满足社会上的人才需求。专业转型对于社会发展以及学校的发展都存在一定影响，各个高校应积极推动专业转型。提高对相关的新兴评估业务的重视，针对当今社会上的新业务开设对应课程，以满足评估行业对人才的全方位需要。

4. 增加实践环节，购进新教学软件

多数高校一直存在分配教学资源不合理和科研资源不足的问题，只有资源配置合理化，实践教学效率才能够提高。首要的是设立资产评估实验室，购买最新资产评估应用教学软件，利用软硬件来创建完善的模拟评估环境。在现有的教学所用仪器和设备的基础上，还应该增加资产评估相关理论的图书及文献资料，包括图书馆馆藏图书资料和网络资源。

现代信息化的高速发展，使教学软件和企业软件应用越来越被重视。而现阶段资产评估专业学生所应用的资产评估软件不够联系实际，并且有些学生根本不了解资产评估软件如何应用，有些学生甚至不知道有资产评估的专用软件。对于资产评估项目管理系统的设立，学生必须对资产评估软件进行学习，教学目的也是要求学生对其资产评估软件的使用达到十分熟练。

应设立相应的实习基地，并安装资产评估软件设施，效仿评估的真实环境，使所有师生都能参与到评估的过程中。同时，应利用教学方式的多样化来刺激学生的学习欲望，提升学生创新思维的高度以及运用知识的能力。

定期带领学生深入相关企业及事务所进行学习及参观，并组织学生在相关单位进行实习，让学生对企业的文化、背景有所了解，接触实际评估过程中的相关内容。设置模拟实验，进行小组分配，效仿真实的评估活动。

拟定任务，自由分配项目小组，任由其自主完成评估任务，同时可聘请评估项目经理进行指导点评，使学生们能够协作完成评估单项资产的任务。与此同时，加强对学生团队协作意识的培养，使其未来在工作中能够与他人协作，促进企业的发展。另外，应加强各类教学模式间的互相配合，使教育模式达到最好的状态。

资产评估专业设置的具体案例分析

1. 案例介绍：辽宁对外经贸学院

辽宁对外经贸学院地处辽宁省大连市，坐落于渤海之滨、历史名城——大连旅顺经济开发区，隶属于辽宁省教育厅。辽宁对外经贸学院始建于1997年，2005年通过了教育评估，升格为本科院校。

据2016年官网数据显示，学校总占地面积为65.3万平方米，其建筑面积为30.2万平方米，共有在校生11802人。图书馆馆藏图书共132.2万册，校园内网络接点共1.1万个，各学科类实验室75个。有639位专任教师，具有高级职称的为310人。拥有一支由优秀教师以及青年人才等构成的专业教师团队和专业教学团队。

学校目前拥有经、文、管、艺、法五大学科门类，并下设5个二级学院，共13个系、20个本科专业，面向全国30个省（自治区、直辖市）招生。

2. 资产评估专业设置背景

辽宁对外经贸学院2013年增设资产评估专业，于当年9月首届招生。目前已连续招收四届资产评估专业学生，在校生196人。自招收资产评估专业本科学生以来，学校注重人才培养质量，加强教学管理，加强师资队伍建设，注重校内外实验室、实习基地建设。经过近4年的专业建设，资产评估专业在课程设置、人才培养模式、师资队伍、实习基地及校企合作等方面均积累了比较丰富的经验，本专业在教学、科研、人才培养方面取得了良好的效果。

该校资产评估本科专业培养目标为：使学生具备扎实的资产评估与经济理论基础，掌握财务管理、会计、审计等相关知识，熟知资产评估相关政策、法律、法规，具有创新意识以及良好的发展视野和职业品德，并富有实干精神。面向资产评估行业，立足辽宁省以及东北地区，培养出能够在政府经济和管理部门、房地产公司、投资公司、金融企业以及各类资产评估机构和会计师事务所等从事资产评估、产权交易、企业改制、资产抵押业务和管理工作的、具有计算机操作能力和外语水平的外向的复合创新型的应用人才。

专业主修课程：房地产评估、资产评估原理、财政学、建筑工程概论、建筑工程评估基础、企业价值评估、国有资产管理、经济法、企业价值评估、保险学、无形资产评估、基础会计、中级财务会计、国际评估准则、财务管理、统计学、机电设备评估等。

3. 具体层面分析

（1）师资力量层面。

该专业的大部分教师是由其他专业毕业，转而进行资产评估专业的教学工作。虽然富有教育经验，但专业程度依旧不高。从资产评估专业教学团队的师资结构与数量看，资产评估专业现有专任教师10人，其中专职6人、兼职4人。专职教师中具有教授职称1人，副教授4人，讲师1人，具有副教授以上职称教师占专职教师总数的83%；博士1人，硕士5人，具有硕士及以上学位教师占专职教师总数的100%。资产评估专业专任教师10人中，46~55岁的教师1人，占专任教师总数的10%；36~45岁的教师7人，占专任教师总数的70%；35岁以下的教师2人，占专任教师总数的20%。中青年教师成为教学、科研、学科建设的骨干力量。聘请的兼职教师均来自大连财经学院、大连交通大学等高校，以及评估机构的资产评估师，均具有多年的工作经验和行业操作经验。在全部师资中，"双师双能型"教师占比为57%。

师资队伍在应用型培养上可以充分满足实践教学的需要，基本上满足人才培养的需要。但对于一个正在不断扩大的专业来说，这样的教师数量远远不够。学校正在积极拓展相关教师的教育与培训，鼓励教师参加职称考试，进一步壮大资产评估专业的师资力量；邀请资产评估行业的各类知名人士担任本专业的客座教授，创建学科带头人、学术骨干制度。

（2）专业特色及课程设置层面。

资产评估专业在本校设置上具有两大特色，分别为：特色一，财务报告评估特色。资产评估本科专业根据社会对人才的需求，除了开设与之相关的课程外，对财务管理、税法、审计学等课程也提出了较高标准。资产评估专业依托会计学院雄厚的会计学专业和资产评估专业师资力量，构建以财务报告评估为主的课程体系，从而顺应三大事务所的主要业务对应用型人才的需要，为学生在各级政府部门、金融部门以及企事业单位从事资产评估相关工作奠定了坚实的基础。

特色二，多岗位导向职业能力培养特色。资产评估专业教学除在理论课程中增多实践环节外，还设立一定比例的集中实践课程，加强学生的实际操作技能（见表1）。为毕业生从事房地产评估岗位、机电设备评估岗位、无形资产评估岗位、企业价值评估岗位、税基评估岗位等工作创造良好条件。

表1　　　　　　　　　　　资产评估专业课程结构

课程类型	课程类别		应修学分	占总学分比例（%）	应修学时	占总学时比例（%）
必修课程	公共基础必修课		48.5	28.7	824	36.1
	专业基础课		22	13	335	14.7
	专业核心课		19	11.2	286	12.5
	集中性实践类课程	小学期实践类课程	12	7.1	240	10.5
		其他实践类课程	27.5	16.3	—	—
	小计		129	76.3	1685	73.8
选修课程	公共基础选修课		20	11.8	300	13.1
	专业选修课		20	11.8	300	13.1
	小计		40	23.7	600	26.2
总计			169	100	2285	100

本专业主要以企业的需求为主线构建课程体系。主要依照行业对专业人才的需要，结合相应的课程体系，剖析企业的人才需求，通过分析知识

和能力的构成，找出各类能力对应的知识点，针对每个点组合优化。顺应市场的需要，重点培育资产评估和企业管理人才。具体对应关系详见图1。

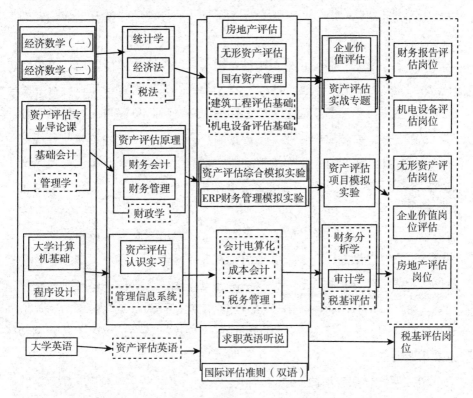

图1　课程体系与专业能力及就业岗位对应关系

（3）专业转型层面。

该专业根据企业的需求，建立培养方案和课程体系。人才培养的定位与学校和社会所需的匹配度以及应用型人才培养的各环节间的吻合度高，有利于其专业的发展。培养目标顺应社会需求，培养方案在一定程度上体现应用型办学理念及思路。以社会对人才的需求量为依据，与相应的课程体系相结合，深刻剖析企业对人才的需求。学院正积极筹划资产评估专业转型，培育应用型人才。在专业转型试点建设过程中，努力实现四个"转向"：培养模式向以岗位技能需求为导向转变；课程体系向以实践体验和实践应用为主转变；教学模式向应用型能力的培养为主转变；教师团队向"双师双能型"教师培养转变。

学院在增设多个新专业后，全面推进教育改革，进一步深化改革人才培养模式，确立"一二三四五"新型人才培养模式和方案，启动"卓越外贸人才培养计划"，实施"实践小学期"制，推行班导师制及毕业论文的替代制。

第一，"一二三四五"的人才培养模式。以专业为主体，以计算机和外语为两翼，"学生、学校、社会"三元共育。课程内容与职业标准、教学过程与生产过程、毕业证书与职业资格证书、学习目标与岗位任务目标四个方面对接。充分运用企业文化进校园、企业人员进校园、职业环境进课堂、岗位任务进教材、工作流程进课堂这五个方面。企业文化与校园文化、"双师"、专业能力与职业技能、教学内容与岗位任务、教学方法与工作流程五个融合。

第二，"一二三四五"的人才培养方案。以培养高素质技术技能人才为目标，贯穿理论基础和实践活动两大教学课程体系。通过"课堂学、平台练、企业干"这三种途径，使学生阶梯式掌握四个阶段：第一阶是基础知识；第二阶是岗位技能；第三阶是专业技能；第四阶是综合能力。最后获取五个证书：毕业证书、外语等级证书、计算机证书、职业资格证书和素质拓展证书。

（4）实践、实验层面。

该专业以培养实际操作的能力为主线，推行从业资格考试与专业学习同时进行。资产评估本科专业教学除了开设一定数量的实践课程外，也在理论课程中加入实践环节，用以加强学生的实际操作能力。同时还将目前国家和省市有关部门对资产评估行业中从业人员的从业资格的要求纳入本科专业教学过程，使该专业的学生拥有报考相应证书的能力。

资产评估专业自设立以来，建设了与行业企业深度合作机制，先后与辽宁省多家资产评估事务所建立了校企合作基地。2015 年及 2016 年 6 月小学期，该校 2013 级资产评估专业 44 名学生及 2014 级资产评估专业 52 名学生前往大连金园资产评估事务所进行了为期两周的资产评估专业认识实习，同学们也通过接触社会，认识到了资产评估专业在社会实践中所起到的作用。校企合作实践基地及评估现场取材的灵活性，说明该专业实践教学条件良好，能充分满足应用型人才培养的需要。

　　而资产评估专业教学软件方面投入力度不足，缺少相应的实验软件，应购买相关资产评估实验软件，并实时更新，培养资产评估专业学生的实验能力。应向其他学校借鉴经验，或是积极购进相关测量软件，以供学生们进行学习，着力培养应用型人才。

参考文献

　　[1] 于新颖：《谈基于工作过程的资产评估专业核心课程整合》，载于《辽宁高职学报》，2016 年第 8 期。

　　[2] 陈蕾、王敬琦：《资产评估课堂实践教学模式的应用研究——基于问卷调查的实证分析》，载于《中国资产评估》2014 年第 12 期。

　　[3] 霍宗杰、孙红杰：《基于网络信息技术的资产评估学课程案例教学模式探究》，载于《商业会计》2015 年第 5 期。

基于 MOOC 的新型混合式
教学模式的探索与思考

王海春 高 矗[*]

随着信息技术与互联网技术的迅速发展，教育信息化的发展步伐也不断加快。随着 20 世纪 90 年代兴起的 E – learning 到近年来流行的 MOOC 等新型教学模式的出现，互联网及新媒体已经越来越多地被应用于日常的课堂教学中。大规模在线课堂慕课（massive open online course，MOOC）是指借助于网络信息技术，以将优质教育资源以低成本甚至免费提供给任何愿意学习的人为理念，由主讲教师负责，支持大规模人群互动参与的在线课程。这一概念是由科米尔等（Cormier et al.，2008）首次提出，且自 2012 年开始几乎席卷了全世界，然而在其迅猛发展的过程中，仍出现了不容忽视的缺陷：如学习者的学习持续性不强、交流互动不足，缺乏课堂效果的营造和积极的教学互动，教学效果大打折扣，即 MOOC 模式无法满足理论型课堂"生问师答"的实时性要求，"师问生答"的结果也无法对课堂的教学进展产生有效影响。相对于传统教学，实践性课堂中，学生实验过程有教师的指导效果更好，很明显传统课堂的模式更加科学。然而，在传统的教学模式中，大部分都采用了先理论后实践、先教后学、先学后做的模式。这些传统的教学模式又难以避免理论与实践脱节、教与学脱节等问题，因此，对于知识点的讲解、案例的选取、作业和实验报告的布置与回收、实验原理的讲解、实验的基本演示、预习内容的设定等环节，集合

---

* 王海春，博士，副教授，工作单位为内蒙古财经大学财政税务学院资产评估系，主要研究方向为资产评估理论与实务。高矗，助教，工作单位为内蒙古财经大学财政税务学院资产评估系，主要研究方向为资产评估理论与实务。

高水平教育专家、高质量教学素材、全方位观察角度的 MOOC 模式则具有绝对的优势。在此大背景下，混合式教学（blending learning）的概念应运而生。特别是，2015 年教育部印发了《2015 年教育信息化工作要点》，指出要"坚持促进信息技术与教育教学深度融合的核心理念"，这更加表明，将信息技术与教学深度融合已逐渐成为目前教学改革的主流。基于此，研究如何将传统课堂与 MOOC 有机融合，扬长避短，构建传统课堂与 MOOC 的新型混合式教学模式，具有重要现实意义。

新型混合式教学的内涵

混合式教学是指传统的面对面（face to face）的课堂授课形式与网络化教学优势互补的一种新型教学模式。正确合理地理解混合式教学的内涵，构建新型混合式教学模式，是解决当前传统教学与网络化教学各自缺陷的一个有效方法，也是目前我们高校教学改革的一个重要研究方向。混合式教学的概念最早是由国外的培训机构首次提出的，主要是指网络线上与线下教学的混合，通过引入传统的面对面教学来改进 E – Learning 的不足。随后混合式教学模式被引入高校教育领域，并得到高度关注。在我国，21 世纪初混合式教学开始出现并逐渐成为教育领域的研究热点。2003 年，北京师范大学的何克抗教授首次提出混合式教学概念，并指出混合式教学即"把传统学习方式的优势和 E – Learning 的优势结合起来"，这种教学模式既强调教师引导、启发、监督学生的主导作用，又充分体现学生主动积极学习的主体作用。近些年，国内众多学者从不同角度对混合式教学模式进行了研究，研究成果颇为丰富。而且，随着混合式教学优势的不断扩大，各高校也都加大了对混合式教学的研究力度，并从教育教学的角度出发，倡导新型有效的混合式教学。纵观众多的研究成果，混合式教学的内涵主要包含：基于传统教学手段与信息技术手段的传统面对面教学与网络教学两种教学形式的结合；在技术上，主要是基于 Web 技术，结合视频、音频、文本、图形、动画等多种多媒体技术；教学目标上，充分发挥教师的主导作用与学生的主体作用，以达到最佳的教学效果；教学评价上采用考试测评和过程测评（档案袋测评）等相结合的评价方式。混合式教学模式的出现为教育教学改革提供了新的思路。本文以混合式教学理论为指导，探索一种新型的混合式教学设计模式，并准备在资产评估课程中进行实践，以期能取得良好的教学效果。

资产评估课程新型混合教学模式的设计

内蒙古财经大学作为全国首先开设资产评估本科专业教学的两所高等院校之一，从2005年开设之初到目前已经招收十二届资产评估本科专业学生，在这期间，学校的资产评估专业也经历了"从无到有，从有到精"不断发展壮大的过程，为培养高素质资产评估专业人才贡献着自己的力量。学校现行资产评估专业本科教育的培养目标是培养具有坚实的经济及资产评估理论基础，掌握会计、财务管理、金融等相关知识，熟悉资产评估相关法律和行业的准则规范，具备处理资产评估实践中出现的各种问题的高级人才。从资产评估的现行培养目标可以看出，资产评估作为一门新兴的综合性边缘学科，既要求较扎实的理论功底，又需要极强的实践操作能力，需要学生掌握多元化的知识结构，具备根据不同的经济环境灵活应用资产评估的基本理论和应用技巧的能力和自我学习与知识扩展的能力。在这个背景下，信息时代的到来冲击着传统的资产评估教学，多媒体技术、互联网络等先进的教学媒体能够提高教学效率，扩大教学对象，给资产评估教学注入新的活力。因此，我们尝试以资产评估课程为例，在MOOC和传统教学都存在明显不足的情况下，结合二者的优点，实施混合式教学改革不失为提高教学质量的一种良好选择。本文着重研究如何将资产评估课程的传统课堂与MOOC结合，通过资产评估在线课程资源建设，丰富教学资源，对所有的教学要素进行优化选择和组合，以适应当代学生学习特点和教育发展趋势。教师和学生在教学活动中，将各种教学方法、模式、策略、媒体、技术等按照教学的需要恰当运用，构建混合式教学，有效调动学生的求知欲和学习热情，以达到理想教学效果，满足资产评估教学的专业理论和实践需要。

教学模式基于相关教学理论，结合教学对象的特征组织教学资源和设计教学内容，构建教学环境和组织教学活动，最终使学习者能有效达成学习目标，是教学理论和教学实践的连接点。《资产评估》课程涵盖的知识点较多，而且课程案例的实践操作性强，我们应参考国内外的课堂教学模式改革，吸收传统课堂和 MOOC 的优点，结合《资产评估》课程的教学特点，构建出结合传统课堂与 MOOC 的混合式教学模式。该混合式教学模式具体设计如下：

1. 资产评估理论课混合教学模式设计

资产评估理论课的主要内容包括资产评估的基本概念、理论基础、基本方法以及诸如机器设备评估、房地产评估、无形资产评估、企业价值评估等各种具体实务类资产的评估及资产评估报告的撰写。这部分内容均可以录制成"微视频"，让学生在 MOOC 平台中进行学习，回到课堂后进行疑难讨论、重点解析、学习效果评价，采用"翻转课堂"的形式进行教学。该混合模式可以极大发挥学生的主体性，具体实施的难点在于翻转课堂的课上活动组织。

2. 资产评估实践课混合教学模式设计

资产评估实践课的主要作用是利用资产评估软件对理论课中学习的内容进行实践检验和训练。一般的流程是确定实验目标、设计实验方案、细化实验步骤进行实验，最后撰写实验报告。为了提高实验效果，在教学过程中，实验课老师会在实验前强调实验的关键点，有时会示范相似实例。因此，可以将实验关键点和范例录制成 MOOC 视频，学生在课前或课中进行观看学习，然后进行具体实验。在整个实验过程中，除提交实验报告步骤外，其他环节基本上与 MOOC 平台相脱离。MOOC 模式在程序设计实践课中主要充当辅助作用。

该混合模式能够保留传统课堂对于实践课程现场指导的优势，并充分利用 MOOC 资源对实验准备进行高质量指导。

3. 混合教学模式的设计与实施

为了保证两种模式更有效的结合，教师需要在上次课结束时对下次课进行针对性的布置。对于理论课，要布置预先学习的任务、讨论题目、小组讨论安排等；对于实验课，需要明确实验内容，并提醒学生在课前或课程刚开始时观看MOOC微视频，进行实验注意事项和范例学习。在这个过程中，教师的作用至关重要，体现教师为主导、学生为主体的个性化学习理念。具体实施方案包括以下内容（见图1）。

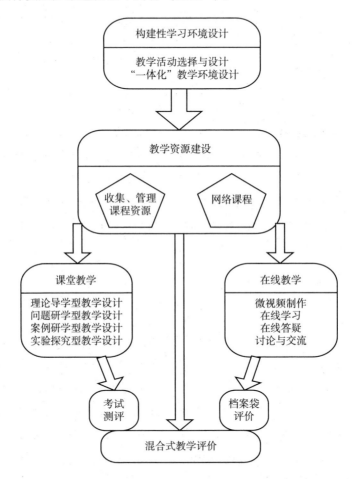

图1　混合教学模式具体实施方案

（1）课程视频制作。

课程视频是混合式教学的核心内容，视频的录制质量对于是否能够实现课程设计目标起着决定性作用。教师在制作教学课程视频时，首先应充分查阅和利用已有的MOOC资源，在授课前观看相应的MOOC视频，再结合本校特色进行学情分析，针对课程内容分节制作，发布适合本校学生的教学视频、PPT 课件、课前引导问题、课程要求等教学资源，并发布到网络教学平台上，形成自己的教学设计。教学视频是核心内容，每段视频不宜过长，以 10 分钟左右为宜，讲解知识点和任务要求。学生利用充足的课前时间完成自主学习，通过观看网络教学视频、任务要求导读、学习 PPT 课件，提高学生自己分析问题、解决问题的能力。分组讨论过程中，大家可以根据自己学习的内容相互交流，相互之间答疑解惑，完成课程任务设计部分。对于难点问题，也可以在网络平台上请求老师帮助。

在制作技术上，对于资产评估课程的理论课部分，建议采用录制加操作截屏相组合的方式进行制作。其中，理论讲解与分析完全采用录制方式，案例讲解和习题视频解答采用录像和截屏方式进行。在实验课部分，由于时长较短、内容较单一，录制时可完全采用录屏方式，不出现主讲人，这可以提高制作效率、降低制作成本，同时也不存在对课程授课效果的影响。

课程建设主要围绕微视频录制、课堂环节设计、电子教案制作、电子教材编写、案例选取、例题解答制作、题库建设等进行。

（2）教学环节设计。

对于资产评估课程，教学设计课分为理论导学型教学设计、问题研学型教学设计、案例研学型教学设计和实验探究型教学设计。具体设计中对理论课部分主要采用理论导学型和问题研学型，对于实践课部分则主要采用案例研学型和实验探究型。为了加强学生协作精神，增强学生间的讨论交流，应对学生进行分组分工。以资产评估课程为例，目前我校的资产评估教学班学生人数多为 50 ~ 60 人左右，学生小组分工一般以宿舍为单位，即 6 人为一个学习小组，每组指定一名组长，由组长负责小组成员的任务分工与合作。通过小组学习、协作共同完成资产评估案例的开发，培养学生的团队合作精神。

传统教学课堂上，每个学习小组针对课前教师布置的课程任务要求制作 PPT，并讲解自己的解决方案。教师针对每一组的任务解决方案进行个性化指导，逐一给出详细点评，指出方案的优缺点，并记录每一组的分数。学生根据教师讲解的优化方案，完善自己的任务解决方案。教师针对网络平台反馈的集中性问题进行深入讲解，帮助学生巩固知识点的学习。

（3）课程结课考试方式选择。

混合教学模式下，课程的结课方式往往趋向于使用传统教学模式的考试方式，即线下考试模式；或者是学生可根据课堂讲解的内容进行总结完善，形成最终任务报告，并提交给教师，教师根据学生提交的任务报告给出相应成绩和评语。当然，随着教育理念的更新，教学人员逐渐开始推崇全程考核，重视平时成绩，而 MOOC 平台恰恰能够非常全面地提供学习者的平时表现，即教师可通过 MOOC 平台对学生在线学习过程做评价，例如线上视频学习持续时间、课程学习进度、进阶学习过程测试、章节测试、学习资源利用率、学习笔记等记录。总之，教师可针对全体学生的平时表现，进行教学总结归纳。学生针对教师评语和成绩等级，进行课后反思、总结和完善。这种将线下结课考试成绩和 MOOC 平时表现综合考虑，给出的结论会对学习者有更加全面的评价。

在混合式教学模式的实施中，教师应对学生的学习过程进行适当的引导和有效的监控，从而帮助学生对系统知识进行有效的学习、整理进而掌握。

结束语

混合式教学模式合理利用了已有的优质教育教学资源，能充分发挥传统课堂与 MOOC 各自的优势，这样既可以促进高校内部的教学改革，提高教学质量，又可以推动本专业对外的品牌效应。在混合式教学模式中，教师要发挥主导作用，改变传统课堂的教学方式，教师的身份由原来传统教学中的知识传授者转变为帮助学生理解知识的推动者，这一身份的转变需要教师花费大量的时间、精力，对学生的学习过程进行适当的引导和有效的监督，保障良好的教学效果。而学生在混合式教学过程中要发挥主体作用，锻炼自主个性化的学习能力，在学习方式上变为主动获取知识，学生与学生、学生与教师之间要充分互动交流，在互动交流中更深入地学习。综上所述，新型混合式教学模式要求学生和教师都要做适当的改变，才能使这种混合式教学模式达到最佳效果。

参考文献

[1] 何克抗：《从 Blending Learning 看教育技术理论的新发展（上，下)》，载于《电化教育研究》2004 年第 3 期、第 4 期。

[2] 张其亮、王爱春：《基于"翻转课堂"的新型混合式教学模式研究》，载于《现代教育技术》2014 年第 4 期。

[3] 门路、王祖源、何博：《MOOC 本土化的可行性和关注点》，载于《现代教育技术》2015 年第 1 期。

[4] 金贵朝：《MOOC 支撑下的混合式教学模式研究》，载于《中国教育技术装备》2015 年第 2 期。

[5] 林莹莹、魏安娜、陈盈：《结合传统课堂与 MOOC 的混合式教学模式构建与实施》，载于《台州学院学报》2014 年第 6 期。

[6] 苏小红、赵玲玲、叶麟、张彦航：《基于 MOOC + SPOC 的混合式教学的探索与实践》，载于《中国大学教学》2015 年第 7 期。

关于提高资产评估专业硕士实践能力的思考

朱冬元　王昕晨[*]

随着经济的迅速发展以及研究生教育的深入改革，教育部在2009年通过了《教育部关于做好全日制硕士专业学位研究生培养工作的若干意见》的决定，指出专业学位研究生的培养目标是掌握某一专业（或职业）领域坚实的基础理论和宽广的专业知识，具有较强的解决实际问题的能力，能够承担专业技术或管理工作、具有良好的职业素养的高层次应用型专门人才。从定位来说，应该属于应用型的高级人才。2010年，国务院学位委员会又在第27次会议审议通过了19种专业学位设置方案，其中就批准设立了资产评估硕士专业学位。

设置资产评估专业硕士旨在适应我国社会主义市场经济发展对资产评估专门人才的迫切需求，完善资产评估人才培养的体系，创新资产评估人才培养的模式，提高资产评估人才培养的质量。资产评估专业硕士的培养目标则是面向资产评估行业，培养具备良好的政治思想素质和职业道德，系统掌握资产评估基本原理，具备从事资产评估职业所要求的知识和技能，对资产评估实务有充分的了解，具有很强的解决实际问题能力的高层次、应用型的资产评估专门人才。但是就目前来说，对于资产评估专业硕士，学生满意度和社会满意度却并不高，而且培养过程面向理论的多，面向实际应用的少，实践能力培养不足，且与专业硕士的培养目标和定位有所脱节。面向未来，对资产评估专业硕士实践教学问题的研究便显得尤为

* 朱冬元、王昕晨，工作单位为中国地质大学。

迫切和重要。

资产评估专业培养目标定位

作为专业硕士，最重要的是对于实践能力的培养。而资产评估专业能否得到更好的发展，首先就需要对其做一个培养目标定位，可以从以下三个方面加以注意：

第一，就业面广泛。作为资产评估专业硕士，以后的就业方向不仅仅只限于评估机构。就现阶段来看，评估中介机构每年需要的资产评估专业的人并不多，所以资产评估专业硕士对未来工作的定位不要狭隘地放在评估中介机构。随着我国经济发展的需要，资产评估专业硕士大可把眼界拓宽至一些金融机构、大型国有企业等，因为它们也需要高素质资产评估专业的人才，资产评估专业硕士的培养也应充分考虑这类市场需要。

第二，知识的全面性。众所周知，受评估对象的影响，对于资产评估专业硕士需要有多方面的知识储备，这些知识不仅仅包括资产评估专业知识，还包括不同类别评估对象的专业知识。具体来说，包括固定资产、流动资产、无形资产等。而就同类资产的不同评估对象也有显著差别。所以，为提高资产评估硕士的就业能力和未来发展的能力，需要对各种评估对象的知识有个更好的理解。

第三，实践能力要强。专业硕士与学术型硕士最主要的不同点，就是更加强调将专业理论知识运用到实践中的灵活性，而不是对理论知识进行更深入的探索。所以，为提高资产评估硕士的实践性，需要在培养资产评估专业硕士时体现实践能力，达到专业硕士的培养素质要求。

资产评估专业硕士培养现状和问题

资产评估专业硕士的培养已经将近 7 年了，但是高校对于专业硕士的培养还处在发展过程中，其中也存在一些问题。对于资产评估专业硕士培养方案的建立、课程内容的设置以及社会实践的衔接等问题都还在完善之中，学生动手实践能力不强，离评估行业的需要和社会的要求仍然有一定的距离，因此，资产评估专业硕士培养中要以理论教学为基础、案例教学为指引、实训教学为提高，进而加强对资产评估专业硕士实践的教学。实践能力是资产评估专业培养的重要目标，也是行业与社会对资产评估高层次应用人才的客观要求。

就目前来看，对于资产评估专业硕士的培养与教学方式很多还是采用传统的学术型硕士的培养和教学模式，传统的教学模式就是以课堂授课理论教学为主，强调学术论文的写作能力，但却忽略了资产评估专业硕士实务操作的能力，这是与当初设立专业硕士培养目标有相违背的地方。虽然传统的教学模式也培养出了一些优秀人才，但是随着经济的发展和社会的需求，传统的教学模式越来越突出了它的弊端。具体来说，存在以下问题：

第一，传统教学仍占资产评估专业硕士的一大部分。就目前来看，大多高校还是选择了传统的教学方式。但是传统教学方式在教学形式上来看，还是比较单一，一般是以课堂授课为主的教学方式，教学内容也局限于教材之中，授课也是以教师传授专业知识为主。但是，资产评估培养目标的基础是掌握评估的理论基础，而重点则是将掌握到的理论知识运用到实践当中。从资产评估专业本身的特点来看，资产评估职业需要丰富的评估经验，如若缺乏适当的实践练习，很难培养出合格的人才。

第二，案例教学的案例没有做到及时更新。现阶段，资产评估的案例库不成体系，前后联系不太紧密，案例的陈旧使学生不能深入地进行讨论。学习也仅仅停留在对一些经典案例或者公开资料的介绍层面，缺乏对案例的进一步深层次的理解以及对案例举一反三式的运用。学生很难把案例的分析内容与资产评估的实际工作联系起来。这些都阻碍了学生实践能力的提高。

第三，实训教学没有足够的资源。随着我国对应用型人才培养需求的不断增强，一些高校也逐渐意识到培养应用型人才的重要性，也开始在资产评估专业硕士培养的过程中增加了实训环节。但是，由于资源有限，很多学校只能采取计算机模拟实验教程。计算机模拟实训实验教程虽然在一定程度上可以锻炼学生的实践能力，但灵活性不够强，不能锻炼学生随机应变的能力。

提高资产评估专业硕士实践能力的对策

现阶段，国内很多高校均不同程度地开设了资产评估实践类课程，但实践类课程分量不够，并没有达到培养高端应用型人才的资产评估专业培养目标。也由于种种原因，资产评估实践教学容易流于形式。而根据我国资产评估学历教育的实际要求，对于实践教学要有针对性的课程设置以及灵活的教学组织形式，但总体来说，必须强化其应用性和实践性。可以从以下三个方面入手。

第一，开设实践性课程。由于资产评估领域广泛、专业众多，所涉及的问题也层出叠见。这就要求在课程设置上不仅要有基本理论知识的课程，还要开设有关资产评估实务与案例分析的课程。教师可以模拟一个完整的企业，然后模拟企业各种实际情况给学生提供评估分析资源。打破原有的理论教学体系，转变为以提高实践能力和评估技能为主的课程。培养学生的职业判断力，让学生面对不同的评估目的、不同的评估对象，灵活地选择适当的评估方式。有条件的话，教师可以给学生看看真实的专业评估报告，或者邀请专门的资产评估工作人员现场来为学生讲解评估项目的具体环节和注意事项。

第二，强化实践环节。理论上专业硕士培养在时间上应有不少于半年的实践经历，而且，在实践过程中要突出计划性，要制定科学有效的实践环节的实施方案，使实践环节系统化、计划化，还可以与毕业论文结合起来。当然也可以实行双导师制：第一导师是校内有资产评估专业理论知识和丰富实践经验的教师；第二导师应是从社会各界，主要是资产评估机构、资产评估行业管理部门中聘请的业务水平高、有研究能力、具有良好道德品质、在业内享有一定威望的注册资产评估师和行业管理专家。第二导师从学生入校就开始全过程参与研究生的培养过程。

第三，专项实践培养。根据学生入学后根据自己的专业背景和特点制订的培养计划，采取专业实践培养的模式。针对不同种类的资产评估安排不同的专项实践课程，使学生对资产评估工作有更直观的认识，对资产评估工作专业性的认识进一步提升。专项实践的课程内容将包括诸如房地产评估、机器设备评估、知识产权评估、企业资产评估以及撰写评估报告等。具体程序可以让学生到评估实验基地和相关单位进行参观，并与从事资产评估工作的人员进行交流，以便发现理论知识与业务实践间的差异，从而弥补传统教学的不足。如果条件允许的话，可以让学生直接参与资产评估的实践工作，让其获得资产评估实践的切身感受，不仅能提升学生的专业知识，而且可以使其更好地了解资产评估工作。

四、总结

资产评估专业是一门需要将理论和实践良好结合才能让学生融会贯通的学科，传统的授课方式很难让学生真正掌握职业技能，学到的理论知识需要不断地实践才能成为资产评估业务上能用到的技能知识。因此，资产评估教学创新势在必行。在创新的过程中，高校必须注重课程的实践环节，通过理论联系实际，可以更有利于培养高素质、技能过硬的资产评估应用型人才。

参考文献

[1] 朱景福、谢秋菊、高军等：《"六位一体"专业硕士培养模式的研究与实践》，载于《农业网络信息》2016 年第 10 期。

[2] 姜岚：《专业硕士实践教学培养模式探索与思考》，载于《高教探索》2016 年第 3 期。

[3] 邓永勤、龙维军：《关于资产评估专业硕士培养的思考》，载于《中国资产评估》2015 年第 12 期。

[4] 周伍阳、李攀艺：《基于实践能力提升的资产评估专业硕士案例教学改革——以重庆理工大学为例》，载于《职业》2015 年第 20 期。

[5] 卢其威、王聪：《提高全日制专业硕士实践教学效果的探讨》，载于《教育教学论坛》2015 年第 23 期。

［6］黄锐：《以实践能力为核心的专业硕士培养模式探究》，载于《教育研究》2014 年第 11 期。

［7］郝文正：《P2P 网络借贷风险形成机理及其监管思路研究》，上海社会科学院硕士学位论文，2014 年。

［8］于洋：《中国小微企业融资问题研究》，吉林大学博士学位论文，2013 年。

［9］张晓薇：《小微企业融资问题研究》，山西财经大学硕士学位论文，2013 年。

［10］宋平：《小微企业融资问题研究》，河南大学硕士学位论文，2013 年。

［11］黄羽：《我国高校硕士专业学位研究生实践教学问题研究》，中南民族大学硕士学位论文，2012 年。

［12］王明虎：《资产评估专业硕士培养模式探讨》，载于《经济研究导刊》2012 年第 1 期。

［13］符建云：《全日制专业硕士研究生实践教学改革的探讨》，载于《教育教学论坛》2011 年第 23 期。

［14］苏建福、于宝堃：《全日制专业硕士实践基地建设研究》，载于《科技资讯》2011 年第 22 期。

［15］刘玉平：《全日制资产评估硕士专业学位教育若干问题的思考》，载于《中国资产评估》2010 年第 8 期。

关于资产评估本科专业案例教学的思考与建议

杨　洋　向　芸*

资产评估专业教育的起源

　　我国的资产评估行业产生于 20 世纪 80 年代末 90 年代初。随着改革开放的进行，国有企业对外合资合作、承包租赁、兼并破产等产权变动行为日益增多，为合理确定转让价格、防止国有资产流失，国家国有资产管理局资产评估中心应运而生。1991 年 11 月 16 日，国务院颁布了《国有资产评估管理办法》，标志着我国国有资产评估制度的基本建立，给之后资产评估活动在全国的有序开展和逐步推进奠定了坚实的基础。1993 年 12 月 10 日，中国资产评估协会成立，资产评估行业由政府直接管理开始转向政府监督指导下的行业自律性管理。1995 年 3 月，中国资产评估协会加入国际评估标准委员会，标志着我国评估行业已经与国际评估行业逐步接轨。1995 年 5 月 10 日，国家人事部和国家国有资产管理局联合发布了《注册资产评估师执业资格制度暂行规定》和《注册资产评估师资格考试实施办法》及规范注册资产评估师签字制度，从而正式建立了注册资产评估师制度。从 1996 年起，国家组织了全国统一考试，我国注册资产评估师队伍逐步壮大，资产评估行业初具规模。1996 年 5 月，中国资产评估协会制度了《资产评估操作规范意见（试行）》，

---

　　* 杨洋、向芸，助教，工作单位为重庆工商大学融智学院。

标志着我国资产评估业正式步入规范化操作的新阶段。同时，随着我国对外开放进程的不断加快，我国迅速发展的资产评估事业也得到了国际评估界的认可和重视。2014年8月12日取消了注册资产评估师职业资格许可和认定，将其改为资产评估师职业资格考试，原考试科目内容与原来相同。"注册资产评估师"改为"资产评估师"；考试合格后的资格管理由原来的"注册"改为"登记"。

资产评估业务最初起步之时，相比于其他中介服务机构，如会计师事务所、律师事务所等，属于一种新兴行业。当时，社会上对资产评估的了解还并不充分，从事资产评估的人员基本上都来自经管类的其他专业，理论知识和专业基础不够扎实。为适应我国资产评估专业发展的需要，2005年开始，我国各大高校陆续开设资产评估本科专业，重点培养评估行业的复合型、应用型人才队伍。目前，全国只有40多所学校开设了资产评估专业，每年大学培养的资产评估专业学生人数只有几千人，这些专业人才远远不能满足我国资产评估行业发展的需求。

二、本科培养目标与方法

我国高校资产评估专业本科阶段的培养目标主要集中在学生的专业理论基础知识上，培养应用型、复合型高级专门人才，使其具备资产评估基本技能，胜任资产评估基本业务工作，通过两到三年的实践达到注册资产评估师的水平。教学方法主要是理论与实践相结合。理论学习以学校老师授课为主，实践学习则是让学生到资产评估公司教学实务操作训练，将所学理论应用于实际，学以致用。在理论与实践的结合过程中，案例教学法就成为了一种重要的教学手段和教学方式。案例教学是一种通过模拟或者重现现实生活中的一些场景，让学生把自己纳入案例场景，通过讨论或者研讨来进行学习的一种教学方法。在资产评估的教学过程中，首先为学生详细讲解基本方法和理论，然后假设一个现实的评估场景，为学生提供一系列相关的基础信息，引导学生运用所学知识分析探讨求得评估结果。案例分析的过程，就是理论与实践结合的过程。

三、
案例教学的现状

案例分析的教学方法是经济管理类学科常用的教学方法之一，具有以下优点与不足。

1. 优点

（1）能够实现教学相长。教学中，教师不仅是教师而且也是学生。一方面，教师是整个教学的主导者，掌握着教学进程，引导学生思考、组织讨论研究，进行总结、归纳；另一方面，在教学中通过共同研讨，教师不但可以发现自己的弱点，而且从学生那里可以了解到大量感性材料。

（2）能够调动学生学习主动性。教学中，由于不断变换教学形式，学生大脑兴奋点不断转移，注意力能够得到及时调节，有利于学生精神始终维持最佳状态。

（3）生动具体、直观易学。案例教学的最大特点是它的真实性。由于教学内容是具体的实例，加之采用是形象、直观、生动的形式，给人以身临其境之感，易于学习和理解。

（4）能够集思广益。教师在课堂上不是"独唱"，而是和大家一起讨论思考；学生在课堂上也不是忙于记笔记，而是共同探讨问题。由于调动了集体的智慧和力量，容易开阔思路，收到良好的效果。

2. 缺点

（1）师资问题。由于资产评估专业在 2005 年才开始在中国高校开设，在 2011 年才有资产评估研究生专业，因此，高校开设资产评估专业课程的教师大多是原财务会计类教师转型而来，具备资产评估师资格的教师少之又少。注册房地产估价师或是注册土地估价师的专职教师也是凤毛麟角。同时大部分教师未从事过评估实务，在一定程度上理论与实务严重脱节。资产评估专业的实践性极强，在实务中评估范围极其广泛，如对大型机电设备、矿权、林权等资产的评估，对评估人员的专业背景要求很高。

由于大多数教师是"学校"到"学校"，没有实践经验，教师又不能长期深入企业，各学校缺乏对教师实践方面的培训，因而无法有效地对案例进行研究、判断、引导学生进行思考学习。在此情况下实施案例教学法，只不过是在课堂教学中穿插了某些案例作为教学的补充和说明，案例启发角度比较单一，案例点评不够深入、全面，影响了案例教学的效果。案例课就还原为讲授课。有的教师习惯于传统的做法，对案例讨论进行简单的归纳总结，为案例问题提供所谓的正确答案、标准答案。这种做法实际上背离了案例教学的目的和本质。同时，在固定思维的情况下，教师所举案例多为简单评估市场价值，实务中往往复杂得多。如评估一台机器设备，教师要求学生用重置成本法求出其市场价值，容易造成学生固定思维，若改变一下前提条件，变为司法拍卖处置，此时用处置成本法该如何处理，让学生积极主动讨论问题的症结。改变单一的价值类型、单一的评估目的的前提，更多举不同业务类型的案例，不失为一种开阔学生思维的方式。

（2）实践教学教材严重缺乏，实践教学内容不系统。目前，资产评估专业的理论教材非常多，实践教材却很少，所以绝大多数院校的专业实践教学均使用由校内任课教师自编的讲义，其缺点主要体现在两个方面：一是每一本实践教学讲义的参与编写人员较少，往往只有任课教师一人，囿于任课教师自身的见解，往往是任课教师从教学需要出发来安排实践教学内容，而很少考虑自身所承担课程在整个专业实践教学体系中的地位与作用，从而使整个专业的实践教学内容极不系统；二是由于教师自身水平有限，其所编写的讲义往往粗制滥造、东拼西凑、不成体系，往往这届学生用完下届再用，内容不能及时更新。

（3）所用案例太过理想化。教学过程中的案例多为做题而设，然而现实中却并非如此。如评估一大型商业体中某一层的市场价值，其面积为几千平方米，此时的市场法该如何处理，而教学案例中竟直接给出可比案例。资产评估专业更多需要培养学生处理问题的能力，而非简单计算。实务中的难点往往不是计算问题，而是如何找到可比案例的问题。又如在建工程的抵押价值，如何求得估价师知悉的优先受偿款，这些都是案例教学所能引发学生思考的方向。资产评估的难点不在计算方面，更多在求得评估思路方面。

思考与建议

1. 加强教学师资队伍建设

鼓励教师到评估公司进行挂职锻炼，了解最新评估动态；尽可能考取评估师方面的证书。教师的教学水平和教学效果的优劣，对教学质量的高低起着决定性作用。就实践教学而言，教师既要有良好的业务素质，又要有丰富的教学经验；既具有专业理论知识，又要掌握专业新技术、新工艺。同时聘请评估公司高级项目经理作为外聘教师开课。加重双师型教师的比重。打造一支理论与实践兼备的"双师型"教师队伍。"双师型"师资队伍建设，要坚持内培外引、专兼结合的原则，要立足于对现有教师的培训提高，同时大力引进高学历、高职称的高素质人才，并适当聘请和多渠道引进其他高校、企业、科研院所"双师型"人才来校任教，充实实验实训等实践性教学环节中的师资队伍。鼓励并支持资产评估专业教师参加与专业相关的社会实践活动，将参与专业社会实践活动作为评职晋升的必备条件之一。选派专业教师到各类企业或资产评估事务所实习，增强感性认识，收集真实的案例素材。学院也可以聘请有经验的高级资产评估师担任资产评估实验教学的校外指导教师。

2. 加快案例教材、案例库建设，完善案例教学体系

当前市场上很少有资产评估课程案例方面的教材，现有的较少的基本教材案例也较为陈旧。开设该专业课程的高教教师也可以联合起来，深入实际，共同探讨，编著案例教材、案例指导书。建立独立完整的案例教学体系，使学生实践能力培养系统化、科学化、规范化，有利于提高案例教学的效率和质量。专业负责人应会同各任课教师制订详细的案例教学计划和工作方案，明确每一个案例环节的目标、要求及考试考核办法，并通过改革案例教学内容与教学方法，加大综合性、设计性、创新性课程的比重，构建校内实验、校外实习、第一课堂二位一体的案例教学体系，改善

案例教学质量。

3. 坚持理论教学与实践教学相统一，创新案例教学模式

理论教学与实践教学是创新人才培养体系的两个重要支柱，而传统教学模式存在理论教学与实践教学分离、重理论轻实践的现象，学生知行脱节，导致专业人才培养脱离社会需求。而针对市场经济条件下对人才实际应用能力、创新能力的新要求，高校应加强课程体系改革，加强理论教学与实践教学的融合，探索理论教学与实践教学的交叉点——案例教学，教学组织中注意突出学生的主体作用，改革案例教学内容与教学手段，处理好学与教的关系，充分调动学生的积极性和创造性，构建与理论协调一致、有机结合的创新性、开放性、设计性、综合性案例教学模式。

参考文献

［1］陈蕾、王敬琦、朱宁洁：《资产评估课堂实践教学的差异化探索：资产评估基础课程的例证》，载于《中国资产评估》2015 年第 8 期。

［2］徐爱农：《资产评估课堂实践教学的差异化探索：资产评估基础课程的例证》，载于《教育教学论坛》2014 年第 9 期。

［3］闫晶：《资产评估案例教学问题研究》，载于《中国乡镇企业会计》2011 年第 2 期。

机电设备评估基础课程
教学方法与改进

韩晓霏*

机电设备评估基础作为资产评估专业的主干课程，是一门既有特定理论体系又有很强实践性的课程。课程内容主要涉及机电设备的基础知识和有关的评估理论；课程设计以提高学生的素质和能力为主要目标，使学生掌握具体的机电设备知识，尤其是资产评估实务中所必备的机电设备的基本知识，从而为学生进行机器设备评估、企业价值评估提供专业知识准备。如何使这一目标贯彻到机电设备评估基础的教学实践中，教学方法至关重要。本文从研究课程和教学特点入手，结合自身对于教授课程中的教学经验，对该课程的教学方法及改进进行了探讨。

机电设备评估基础的课程和教学特点及目前存在的问题

1. 课程的学科独立性较强

机电设备评估基础作为资产评估专业的一门基础课程，与其他课程相比在内容上主要涉及工学学科中机电相关专业的基本理论和概念，与本学科的前修课程如资产评估、财务会计基础、经济法等联结点较少，只是在设备的经济管理学部分涉及了一些管理学的基本方法与理论。因此，学生

---

* 韩晓霏，工作单位为内蒙古财经大学财政税务学院。

对于如何入门和学好本课程没有可以参考的自身经验，容易造成开始兴趣很高，但随着所学知识量的增加，特别是随着不懂问题的不断增加，造成兴趣的下降。

2. 课程的范围较广难度相对较大

机电设备评估基础课程所涉及的范围基本涵盖了工学学科中机电一体化或相关专业本科 4 年所学课程的主要内容。虽然对于相关知识的原理性掌握程度的要求不高，但对于财经类院校的本科生只具有高中物理学这样的知识储备来说，难度和范围还是要求较高的。

此外，在实践教学中一般选用的教材主要为注册资产评估考试用书系列中的《机电设备评估基础》，此教材具体涉及的学科内容包括物理学、材料力学、动力学、机器设备学、设备的经济管理学、诊断技术等多个学科。此教材的编写对象为具有一定实践经验的评估人员，目的之一要体现注册资产评估师考试较高层次的要求，对于大多数在校学生来说还不能达到这样的要求。

3. 对于授课教师的学科背景知识有一定要求

由于上述学科和课程的特点与其他财经类课程有极大区别，一般来说，理想的授课教师应该具有工科学历背景，最好是机电一体化的学科专业，另外又具有经济管理知识和评估理论与实务经验。但是，在教学实践中，满足这三大要求的教师在财经类院校中相对比较稀缺，一般只能选择满足其中之一或之二的老师来承担，由于教师的先天知识体系和水平问题，往往造成教学中对于学生提出的问题不能有效的解答，进而造成授课教师课堂威信的降低。

4. 课程要求理论联系实际性较强

课程内容上相当大的篇幅是讲授具体机器设备的结构组成、运行方式等比较实务性的内容，只是简单地依靠书本讲授相关知识和利用书本上的相关图片说明机器的工作原理和构成是远远不够的。

机电设备评估基础的教学方法及改进

通过机电设备评估基础的课程特点分析，笔者认为机电设备评估基础的教学应理论联系实际，增强教学内容的真实感和可操作性，综合运用多种教学方法，使学生对机电设备具有更多的感性认识，提高学生的创造性、抽象思维能力和动手能力。具体可以用到以下一些方法。

1. 演示教学法

演示教学法即教师运用多媒体教学课件、相关的图表、数据、视频图像等多维教学素材，以投影屏幕为信息传递主要媒介，配以教师讲解和板书，增大知识的容量和密度，实现学生知识获取的立体化，从而加深学生对教学内容的理解和记忆。根据机电设备评估基础教学目标立足实践的特点，采用演示教学法可以在友好、活泼的界面下、轻松的环境中完成教学任务。例如，讲授电动机原理和液压传动原理时，由于财经类院校的学生对电学和流体力学相关知识都不熟悉，这种情况下单纯依靠教师讲述或者仅仅是代替板书的课件演示难以取得良好的教学效果，可以采用教具演示电动机转子如何在磁场作用下旋转、液体如何传递压力等。

2. 情境教学法

情境教学法是一种在实际情境或通过多媒体创设的接近实际的情境下进行学习的实践性教学形式。它利用生动、直观的形象有效地激发联想，唤醒记忆中有关的知识、经验或表象，使学生利用已有的认知结构中的有关信息强化当前学习的新知识。例如，机电设备评估基础对设备更新的方案比选，可以首先设计对于某一机器要实现更新，让学生扮演具体技术经济人员，利用大数据资料或通过在互联网上收集相关资料，拿出对应的方案；再对方案进行经济技术比较。结束之后，让学生总结每一阶段的特点，从而将枯燥的评估阶段的学习变得生动有趣，激发学生的学习兴趣。

再如，在讲授金属切削机床这部分，要求分析各种机床的可加工范围以及主运动和进给运动时，运用情境教学法，可安排学生到某机加工车间的工厂参观实践，或组织学生观看机床的相关录像片（这在近几年的教学中已经实践并取得了较好的效果），对金属切削机床内容予以直观、形象、生动的显示与剖析，在此基础上引导学生理解相关知识。

3. 互动教学法

互动教学法是在教师的指导下，教师和学生之间、学生和学生之间，根据课程内容，通过启发、问答、讨论，共同解决问题的一种教学模式。认知心理学理论诠释了这种教学方法，认为学生的知识不是外部刺激直接给予的，而是外部刺激与学生内心的心理过程相互作用的结果，为了有效地获取知识，外部刺激是必要的，但起决定作用的是学生内在的心理过程。在教学过程中，只有学生才是真正的学习主体，是教师所不能取代的，必须充分调动学生的主动性和积极性，才能获得较好的教学效果和认知效能。互动教学倡导学生在课堂上既学又思，教师平等地与学生交流、探索，组织学生各抒己见，在争论中获得结论。《机电设备评估基础》具有操作性，且贴近生活，根据笔者以前的问卷调查显示，大约80%的同学是带着朦胧的兴趣学习这门课程的，他们渴望能运用学到的理论和方法对现实生活中常见的机电设备有一个基本的认识。因此，教师应该力求使学生们的兴趣和积极性一直处于主动的状态，摈弃"满堂灌"的传统授课方式。例如，在讲授电机启动方式的章节前，根据课程的特点和内容，购买小型空气断路器，让学生利用空开来启动相关设备，使学生有感性的认识，并抓住学生求知的欲望和兴趣，这样一环紧扣一环，为进行下面的教学内容埋好伏笔。再如，在数控机床和工业机器人章节讲授中，结合学生对于计算机相对比较熟悉的特点，让学生比较工业用计算机与个人用计算机以及数控系统的异同，以分组讨论（辩论）的形式探讨数控机床和工业机器人的发展方向。学生通过准备辩论材料、查阅资料，熟悉掌握了不同形式的数控机床的区别。通过互相辩论，使学生对其发展有了新的认识。在互动式教学中，教师只是在问题解决过程中起到指导作用，学生在思考过程中开动脑筋，加深了对知识的理解。

4. 案例教学法

案例教学法是一种具有启发、诱导、决策等功能的教学方法。通过给学生提供解决实务问题的模拟实战，使其职业思维能力和技能得到充分的训练。在机电设备评估基础教学过程中，案例教学法的运用可以分为以下三个步骤：第一步，由教师根据教学内容、重点、难点、目的编制一套案例，最好从当地现实生活中选取典型素材（比如汽车起重机的检验、设备的技术改造方案），经过一定的修改补充，使学生感觉真实、亲切；第二步，案例在课堂上由学生讨论，教师引导学生综合运用所学知识与方法对其进行分析、推理，提出解决方案；第三步，在师生之间、同学之间进行探讨、交流，最后由学生总结得出结论。

上述各种教学方法的特点、实施环境和条件要求不同，在教学中的作用和效果也有区别。在机电设备评估基础教学的设计和实施过程中，一定要根据不同的教学内容和特定的教学目的，对这些教学方法进行选择和综合使用。机电设备评估基础课程对于学生来说固然是资产评估学科体系中难度较大和较专业的课程之一，但如果教学方法得当，对于学生和教师来说都可以达到事半功倍的良好教学效果，并且为将来学生走上评估师岗位奠定良好的基础。

参考文献

［1］张香兰：《教育学》，远方出版社 2003 年版。

［2］陈中永：《教育心理学》，远方出版社 2003 年版。

［3］全国注册资产评估师考试用书编写组：《机电设备评估基础》，经济科学出版社 2007 年版。

基于互联网大数据的资产评估实验教学的新视野

孙 凡*

资产评估是一门应用性较强的学科，评估结果必须经得起实践检验，否则学科就失去了生命力。资产评估实验教学在增加资产评估学科的实践性方面起着重要作用，但常见的实验教学由于条件所限，一般为静态的仿真实验，即学生在预设的环境和固定的条件下进行资产评估，通过实验过程掌握所学的知识或者观察所关注的现象，这种实验可以教学生学会分解动作或者叫模式化的知识，由于缺乏对真实环境和实时事件的适应性训练，在学生的应变能力培养方面还存在缺憾。"互联网+"和"大数据"时代的到来，有望弥补这种缺憾，让学生得到更全面的锻炼。

互联网大数据的含义及作用

互联网大数据特指存在于互联网中的那些种类多、体量大、传递速度快的数据集合。这些数据发端于互联网形形色色的使用者，用各种各样的符号和语言记录着他们之间的通信内容。除了通信数据外，互联网大数据也包括通过互联网提供数据服务的各种数据库中的数据。互联网大数据为人们提供互联网所在世界的实时的、多样的、原汁原味的丰富信息，使人与人之间的联系更加紧密，个人与环境之间的作用更加强烈，问题解决的

* 孙凡，副教授，工作单位为山西财经大学会计学院。

方法越来越多，技术进步越来越快，人类社会也将越来越美好。

互联网大数据下资产评估实验教学的新视野

互联网大数据将会对资产评估实验教学的设计思路、实施方法和管理措施带来重大影响，会推动现行的实验教学体系进行重构，极大地拉近理论与现实的距离，提高实验教学的绩效。

1. 互联网大数据下实验教学设计的新思路

传统上，由于信息获取及处理成本高，实验设计一般采用资源集中控制的思路，即把信息的生成、传递、存储、加工、呈现环节所依赖的各种设施和资料集中在实验室中，设定故事和环境，对客观现象进行模拟和仿真，再现相关情景，获取相关经验和知识。这种实验模式的最大问题是和现实世界的运行节拍脱节，至多是对其的复制和跟拍。

互联网大数据时代的到来，有望打破这种资源集中和独占的模式，让我们有能力构建没有围墙的实验室和没有藩篱的试验田。借助互联网的互联互通功能，可以免费或以较低的成本共享网上的资源，没有必要组建成本高昂的专用实验室；同样借助互联网的实时通信功能，我们可以获得鲜活的实验样本，而不是反复使用那些陈旧的资料。大数据指能从互联网上得来的大样本甚至是全样本的数据，这些数据能使实验观察更全面，分析更深入，获取的知识更可靠，避免盲人摸象的尴尬和无奈。由此可见，互联网大数据下的实验设计将是对分布式资源的调度和使用设计，要依据实验目标确定所需的网络资源及其使用方法，从而获取高质量的实验体验和结果。

2. 互联网大数据下实验教学实施的新方法

互联网大数据下实验教学实施将采用分布资源共享的模式，在分布式的资源中寻求所需是实验实施的关键方法。首先，要构建和维护网络资源目录，这是虚拟的实验室资产，可利用搜索引擎、电话咨询、同行交流、实地考察等渠道建立网络资源目录，并需要定期或随时更新以保证资源的可访问性。其次，要明确网络资源的访问方法，做好使用准备，有些网络资源是免费的，但可能有访问并发量和使用时间的限制；很多网络资源是收费的，但采用批量订购和预交费用的方式使用成本会下降很多；也有不少领域专家咨询机构以微博和微信的方式与个人交互，为社会提供服务，摸清他们的活动规律，就能从他们那里得到可贵的帮助。最后，要掌握好大数据应用的关键技术。通过互联网收集的数据一般来说是大数据，大数据是体量多、种类多、流速快、真假混杂的数据集合，无法用常规的工具处理这些数据。学术界认为大数据应用的关键技术包括多源异构数据的采集、传输、分布式存储、统一管理、安全保障和数据标准化处理、深度分析、精细化应用、可视化呈现等，只有这些技术成熟可用，才能利用大数据创造价值（何非和何克清，2014；杨善林和周开乐，2015）。目前已经研发出一些大数据应用技术：在数据采集和清理方面，比较成熟的有网络爬虫技术（Mitchell，2017）；在数据的分布存储和分布计算方面，有用于批处理的 Apache Hadoop 技术、流处理的 Apache Storm 技术，以及用于混合处理的 Apache Spark 技术，这些技术各具特点，适合于不同的使用场合，且其生态体系正在逐步完善（诺蓝，2017）；在大数据可视化方面，出现了 Tableau、Infogram、ChartBlocks、Datawrapper、Plotly 等多种技术（Haonancx，2017）；在基于大数据的软件开发方面，有开源编程语言如 R 和 Python 等（Vector，2017），这些技术的使用已经为很多实施"互联网＋"和大数据战略的公司创造了价值。

3. 互联网大数据下实验教学管理的新措施

如前所述，互联网大数据下的资产评估实验将是一种"轻资产、重数据"的模式，这就要求有不同于以往的管理措施。首先，对实验规划的管理将出现新的变化。原来的资源集中控制式实验可控性强，一般采用静态的规划管理措施，基本上一次规划可以管一年甚至几年的实验工作；但在互联网大数据下，实验资源是分布的和不可控的，需要动态的实验规划，可能是一次实验对应一种规划，这就需要有新的实验规划管理措施，督促参与实验的师生及时制定或者更新实验规划并保证其可行性。其次，对实验经费的管理将有新的需求，资源集中控制式实验模式下，实验经费的管理面向实验设施的购置、运行和维护；互联网大数据下的实验经费管理将主要面向网络资源的使用付费，重点是对预付和现付、总付和分付方式的管理，这与以前有很大的不同。最后，在对实验过程的监督方面有新的变化。在资源集中控制式实验模式下，管理者可以在现场对实验过程实行全面的监督；但在互联网大数据下，实验过程的监督将出现新的情况，实验过程不再是在实验室里独立完成的，而是在分布的网络资源中协作完成的，实验实施的现场不仅在实验室，还可能散布在网络世界的任何角落，因此实验过程监督需要新的方法。要充分利用网络设施所具备的监督功能（如操作日志查询、访问痕迹追踪、网络摄像和录音等）以及大数据的备份和印证功能来提取实验事件的发生证据，从而对实验过程进行监督。所谓大数据的备份和印证功能是指同一实验事件的发生可能在网络世界的多个数据库中留有多种相关的记录，把这些重复的记录收集起来就能印证实验事件的真实性。

三、结语

随着传感技术和网络技术的迅猛发展，人类社会已经进入了互联网和大数据时代，互联网大数据催生了许多新思想和新方法，促进这个时代更好更快地发展。资产评估实验教学的发展应该紧紧抓住时代发展的脉率，积极拥抱互联网和大数据，利用新技术提高实验效益、降低实验成本。本文提出了互联网大数据下资产评估实验的设计、实施和管理三个方面的新思路，旨在抛砖引玉，促进资产评估事业的发展。

参考文献

[1] 何非、何克清：《大数据及其科学问题与方法的探讨》，载于《武汉大学学报》（理学版）2014 年第 60 卷第 1 期。

[2] 杨善林、周开乐：《大数据中的管理问题：基于大数据的资源观》，载于《管理科学学报》2015 年第 18 卷第 5 期。

［3］Ryan Mitchell：《"爬虫"的采集行动》，http：//www. 36dsj. com/archives/79140，2017 年 4 月 7 日。

［4］诺蓝：《大数据框架整理》，http：//www. 36dsj. com/archives/81598，2017 年 4 月 27 日。

［5］Haonancx：《一文看懂数据可视化：从编程工具到可视化表现方式》，http：//www. 36dsj. com/archives/80850，2017 年 4 月 20 日。

［6］Vector：《Python vs R：在机器学习和数据分析领域中的对比》，http：//www. 36dsj. com/archives/81053，2017 年 4 月 21 日。

资产评估课程案例教学法探析

边静慧[*]

资产评估课程是资产评估专业的一门基础课，该课程具有很强的专业性和技术性，如何讲好这门课程是笔者在授课过程中不停思考的一个问题。国内外案例教学法的论文和文章有很多，介绍了案例教学法的作用、目标和操作规程。笔者认真实践这些教育教学理论，针对资产评估这门课程，结合教学实际和现有的教学环境、教学资源，总结如下问题和建议。

资产评估课程案例教学法的模式

案例教学是在学生掌握了有关基本知识和分析技术的基础上，在教师的精心策划和指导下，根据教学目的和教学内容的要求，运用典型案例，将学生带入特定事件的现场进行案例分析，通过学生的独立思考或集体协作，进一步提高其识别、分析和解决某一具体问题的能力，同时培养正确的管理理念、工作作风、沟通能力和协作精神的教学方式。案例教学法不同于案例说明。案例说明的目的仅仅在于将已经存在的理论阐述清楚，答案一般是唯一的；案例教学则一般没有标准的或者唯一的答案，需要师生在相互争论和协商过程中找到比较接近社会真实和相对正确的答案。案例

---

[*] 边静慧，副教授，工作单位为内蒙古财经大学财政税务学院，研究方向为资产评估理论与实务。

教学法更加侧重教学过程中的争论、探讨和协商，旨在提高学生的综合素质和创新能力，通过学生自学和师生相互学习使学生深入参与整个教学过程。

案例教学法的模式一般包括以下几种：

1. 问题评审型

先给出问题和解决问题的方案，让学生去评价该问题和方案，这种模式一般以系统的理论讲授为前提，此模式的教学应该放在资产评估课程的前期。由于教学方法的改变，一部分学生开始并不适应这种讲课方式，课堂气氛不够热烈。笔者认为，主要原因是：在心理上，学生仍然以教师为中心；在课下自学时，没有浏览指定的参考资料；在课堂上，学生不习惯对以前所学各学科知识进行综合运用。此时，教师应当有足够的耐心，不断对学生进行启发、指导和鼓励，随着时间的推移，学生将慢慢适应此种教学方法，取得较好的教学效果。在案例布置的时间上，要在对资产评估的相关理论进行系统讲授后，才能布置教学案例，例如，布置教学案例必须以资产评估的三大基本方法系统阐述为前提，否则，案例教学将无法展开。

2. 分析决策型

没有给出具体方案时，需要学生讨论分析以提出决策方案，这种模式一般要涉及很多学科知识的综合运用。随着市场经济的深入发展，资产评估已经深入经济活动中的各个领域，包括企业的设立、企业的合并、公司上市、企业管理和咨询、企业纳税、企业财产抵押、企业保险、公司债转股、国家土地征用，以及拆迁等社会生活的方方面面。分析决策型的教学案例，要求在设计教学案例时，教师应当全面了解上面提到的各个相关领域的政策和知识，突破教材狭小的讨论空间，尽可能让学生综合运用以前所学到的各方面的知识，允许学生"异想天开"，同时要求学生必须在课下阅读完成教师布置的教学参考资料。资产评估课程中的评估程序和评估报告等章节比较适合使用分析决策案例教学模式。在教学过程中，笔者深感案例搜集、整理与分析的工作异常繁重，因为案例是案例教学的核心，它的水平和质量直接决定案例教学的成败，必须高度重视案例的搜集、编写和分析。笔者认为应当借鉴国内外的教学经验，由专门的教学机构来编写教学案例。例如，国外肯尼迪政府学院有个专门的案例编写小组，有6名案例编写员；国内清华大学的案例中心也是专门搜集、整理与分析案例的机构。对一般的高等院校而言，比较可行的办法是由教研室各个成员来编写案例，一方面可以减少案例的随意性和主观性；另一方面可以把教师的注意力集中到课堂上的控制和指导上。"教师应当熟透案例，有广博的知识、较强的逻辑分析、要点概括和驾驭课堂的能力。"

3. 发展理论型

通过案例教学，发现、发展并不断完善理论体系，这种模式是针对前沿理论问题而设置的。学生做案例分析的目的不是做决定，而是去发现，此种模式最能锻炼学生的创新能力。这里要注意的是，我们所面对的教学对象是大学本科生，不是已经有了诸多3~5年实践经验的MBA学员，新的理论生长点一般应当由教师引导才能完成。否则，对本科学生而言，发现前沿理论问题是很困难的。同时，教师必须安排有关不同理论的教学资料，以供学生浏览。资产评估课程中的无形资产评估可以使用此种模式来进行案例教学。因为无形资产评估的相关理论很多，而且是国内外专家学者争论探讨的热点问题。

资产评估案例教学法的课堂设计

资产评估案例教学法的课堂设计是指在有限的学时期限内，制定预定的教学方案。资产评估课程一般为54课时，用于案例教学的课时一般要控制在总学时的2/3，即36学时左右。剩下的课时用于案例的布置和案例教学的考评。下面要重点谈一下，每一节课（一般是2课时）如何制订详细的教学方案。

首先，教师要分析和研究教学目的，根据案例教学模式的不同，每个案例要填写教学目的，教学目的是每一个教学案例的理想的授课目标，教师在课堂讨论过程中要尽量实现教学目的。课堂讨论必须紧紧围绕教学目的展开，以教学目的为基础，布置教学案例的相关问题，此问题一般要以教材的理论为基础，同时不能局限于教材内容，最好是真实的社会环境下的评估方面的经济活动。否则，案例教学便失去了它的生命力，变成了理论问题的简单说明。没有教学目的作为指导，将导致教学偏离目标。

其次，案例教学不仅是教学方法的改变，而且是教育思想和教育理念的改变，因此最初两节课要介绍案例教学的相关要求和程序。例如，某一锅炉的评估案例，它的教学程序如下：熟悉资产评估的有关理论知识→通读案例、发现问题→设身处地地多角度分析推理→提出多种决策方案→提出解决问题时做出选择的依据→对供选方案进行评估→做出合理决策。布置教学案例时，一般要遵循先易后难、循序渐进的教学规律。例如，讲授资产评估的方法论时，由教师先布置比较容易的案例；讲授机器设备评估、房地产评估和无形资产的具体评估方法时，应该布置比较复杂一些的案例。同时，在最初的几节课，要指导学生阅读或者浏览相关的资料。

再其次，教师组织课堂讨论。教师是课堂讨论的组织者，但不能是裁判员，案例讨论中，教师要尽量把时间让给学生，鼓励学生更多地提出解决问题的办法；教师应当营造一种和谐气氛，引起争论，使大家多多发表意见。每一个学生的想法都要鼓励，鼓励学生提出建设性的意见，其他同学对其进行分析和批判。教师可以成为讨论过程的参与者，对学生提出的方案设置障碍。教师在课堂讨论过程中要充满激情，要给每一位同学以平等的机会。课堂讨论的关键因素是学生要在课堂下充分地进行准备，包括如何查找资料、如何确定发言提纲。笔者认为，在这方面教师也要对学生进行指导。可以看到，案例教学法的工作量要远远大于传统的教学方法，当学生已经掌握了此种方法之后，教师就可以退出指导学生课下查找资料这个环节了。

最后，教师对课堂讨论进行总结和讲评。总结和讲评只能针对教学内容，不宜过于武断，要总结未讨论清楚的问题和已经讨论清楚的问题。一般而言，课堂上讨论的内容一定会超出教学方案设定的内容，这要求教师重新修改教学方案，增强教学内容的针对性。

资产评估案例教学法的学生成绩考评体系

案例教学法的学生成绩考评体系是案例教学中的难点问题，主要是如何设计考评方法，如何同现有学生成绩考评体系相衔接。如果教学管理部门不同意该考评办法或者仍然采用传统考评体系，将使案例教学走向没落。根据哈佛大学的经验，对学员的课堂发言打分分为四等，占该门功课成绩的25%~50%，通常有10%的学生得不到"良"以上的成绩，3%的学生被迫退学，有的学科只有10%左右的学生拿到毕业证。这种评价机制同我国一般院校的评价体系可能产生冲突。

笔者认为，案例教学法学生成绩考评体系在我国高校还没有很好的考评规范体系，根据我国院系的具体教学要求，平时成绩一般可以占到总评成绩的20%，有了此种依据，我们可以对学生案例教学成绩进行评定。评定的标准在于是否认真准备相关资料以及课堂发言的时间和次数，对所表述内容的正确性一般也应该予以考虑，但不是成绩评价的主要内容。课堂教学中如何评价学生成绩确实是一个难点问题，案例教学法的学生成绩评价体系是学生准备学习资料的初始动力，没有这个评价体系，课堂上的讨论就会变成某一部分学生或者某几个学生的辩论赛。这样对其他学生而言是不公平的，有违教学平等原则。但是，我国院校一个本科班的学生总数一般在40~50人，如果每个学生都给予充分的讨论时间和发言时间，课堂教学将不能按照教学方案的规定完成教学内容。

课堂讨论的效果和成绩评定还要求教师不仅仅应该备课撰写教案，还应该非常熟悉学生的基本情况，也就是要对授课对象的背景和他对相关知识掌握的深度和广度有所了解。否则，案例选择不合适，学生感觉对案例缺乏认识，丧失讨论的兴趣，教学效果不理想。通过以上分析，我们发现，案例教学法有效开展的前提是教学案例的搜集、编写和分析，这项工作是案例教学法的关键。

资产评估课程案例教学的基本思路是将资产的评估理论与评估实务相结合。该课程案例教学内容的目标是通过模拟资产的评估过程，有助于提高学生分析、解决当前资产评估业务的能力；也有助于拓宽其知识范围，为其今后从事资产评估行业奠定基础。通过增加实践教学内容，激发学生学习的兴趣，使其能够积极思考资产评估实务中存在的问题及解决对策，夯实专业课的基础知识；相应地，可以提高学生的实践能力，实现理论与实践的有机结合，培养学生分析和解决问题的能力。

参考文献

［1］吕林根：《资产评估案例教学方法研究》，载于《财会通讯》2011 年第 15 期。

［2］阮萍：《资产评估案例教学研究》，载于《云南财经大学学报》（社会科学版）2009 年第 5 期。

［3］方媛：《资产评估案例教学模式探讨》，载于《财会月刊》2013 年第 2 期。

［4］闫晶：《资产评估案例教学问题研究》，载于《中国乡镇企业会计》2011 年第 2 期。

［5］刘红梅：《高校教学中的资产评估案例研究》，载于《经济导刊》2011 年第 1 期。

"新常态"下增发 A 股限售股上市日买入法的盈利模式

邓小朱[*]

从 2015 年 8 月 13 日至 2016 年 8 月 13 日，证券市场就有 846 家上市公司选择定向增发，[①] 很多普通投资者最关心的是为什么有这么多机构和特定的投资人花几十亿乃至上百亿元参与企业增发的？我们这里则把关注的焦点放在第一个环节：机构如何获利？

背景简介

1. 上市公司定增募集资金的趋势

2015 年定增市场总募集资金金额 12466.12 亿元，合计发行家数为 827 家。其中一年期项目募集资金合计 3673.70 亿元（242 家），占比 29.47%；三年期项目募集资金合计 8792.42 亿元（479 家），占比 70.53%。其中通过资产方式认购金额 4493.21 亿元（243 家），通过现金认购金额 2511.51 亿元（236 家）。[②]

相较于 2014 年，2015 年定增的总募集资金额、一年期项目募集资金额和三年期项目募集资金额同比增长 81.81%、19.70% 和 138.53%，

---

* 邓小朱，工作单位为华东交通大学经济管理学院。
① 数据来源于 Wind 数据库。
② 数据来源于 Wind 数据库。

其中三年期涉及资产认购金和现金认购金额分别同比增长 66.68%、120.07%。①

从 2015 年各个月份来看,2015 年的定增市场募集资金额最高的月份为 12 月和 6 月,分别为 2913.9 亿元和 1774.1 亿元,而募集资金额最低的月份为 1 月和 10 月,分别为 466.8 亿元和 468.3 亿元。②

综上所述,2015 年的整个定增市场募集资金额延续 81.81% 的高增长态势,而三年期定价项目总募集资金额增长速度远超过一年期询价项目。

2015 年 7 月至 2016 年 7 月 A 股上市公司定向增发预案与完成情况比较(见图 1),根据投中研究院统计数据显示,2016 年 7 月共有 53 家 A 股上市公司实施了定向增发方案,数量与上月 62 家相比下降 14.52%;再融资金额为 1393.77 亿元,环比下降了 1.93%。与此同时,7 月有 84 家 A 股上市公司宣布了定向增发预案,环比下降了 21.50%;预计融资金额总计2140.54 亿元,环比下降 34.29%。从单笔融资金额来看,7 月实施定增的53 家企业平均单笔融资金额为 26.41 亿元。

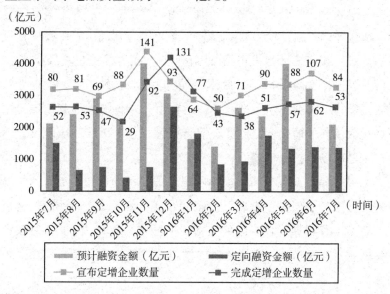

图 1　2015 年 7 月至 2016 年 7 月 A 股上市公司定向增发预案与完成情况比较
资料来源:投中研究院。

---

① 数据来源于 Wind 数据库。
② 数据来源于 Wind 数据库。

2. 2015 年定增市场特点及分析

从 2015 年的数据看，定增市场主要呈现以下特点：

（1）2015 年的定增市场募集资金额和增长率延续 2014 年的高增长，其中 3 年期锁价项目增速快于 1 年期竞价项目。

（2）市场参与的投资者仍然延续了公募基金公司为主的局面，而参与的产品则多数为专户类产品。

（3）通过定向增发的方式购买资产仍然是定向增发的主要目的。

（4）定增市场平均的折扣率与指数高低呈正比，市场指数较高的 4～6 月份表现为折扣率较高，而股灾后的 8～10 月份表现为折扣率较低。

（5）定增市场的募集资金额与指数高低呈正比，其中指数较高的 6 月和 12 月的募集资金额为全年最高。

3. 背后的动因和逻辑主要归类

（1）从市场角度分析，整个国内市场的资产证券化率较发达国家仍然较低，通过并购重组是较快的推进资产证券化的方式，而在股权融资偏好较强的 A 股市场，定向增发仍然是进行收购和募集资金的主要手段。

（2）从交易角度分析，A 股目前仍然以趋势交易为主，投资者倾向于进行右侧交易，这就决定了投资者情绪在整个市场波动中起重要作用，因此，在指数较高的情况下，投资者情绪放大了整个市场的风险偏好，表现为整个定增市场的折价率较低。

（3）从承销商角度分析，承销商因定增项目的折扣率更有利于项目承销及发行，同时表现为存量项目在区间市场的相对较高点增发金额较大，因此在 8～11 月积累了较多已拿批文的项目，在 2015 年的 12 月股灾过后的反弹期相对高点进行了存量项目的发行，表现为全年募集资金额最高的月份。

（4）从上市公司角度分析，在市场情绪和估值较高市场进行增发，符合上市公司股东利益，而在 2015 年 A 股普遍以市值大小进行估值的市场，进行增发扩充市值同时坐实估值符合市场偏好。

（5）从投资者角度分析，近两年 A 股市场以银行配资形成的基金专户和券商资管成为定增市场的主力军，取代了之前以公募为主的市场，整个定增市场的"加杠杆"和"拼单模式"无形中从需求端推动了供给侧量的增加。

（6）从定增规则角度分析，三年期定增项目增速较快主要基于以下两个原因：一是 2015 年上半年市场处于上行阶段，停牌进行定增或重大资产重组到复牌存在时间差，通过时间换市场估值差使三年期项目一复牌容易受到市场追捧，浮盈立竿见影；二是三年期项目在董事会披露阶段仅需交纳较少或不缴保证金，确定的认购人可以通过先拿到份额再进行转让的方式迅速获得收益（目前已限制该方式），可以看作一个成本很小的看涨期权，具有吸引力。

（7）从具体项目角度分析，较大的借壳项目和中概股回归造成了三年期资产认购加锁价配募的方式，造成了整个三年期定向增发市场绝对金额和相对占比均较高，如绿地借壳金丰投资、分众传媒中概股回归借壳七喜控股（002027）。

在一直以来的有关不同投资主体参与定增案例的研究中，人们主要的关注点是哪些机构和投资人来参与增发、增发价格、增发数量、增发用途。目前我们所关注的问题是这些参与增发的机构或个人如何获利，天齐锂业（002466）的出现为我们提供了一个研究这个问题的案例（见附录）。

案例概况

1. 并购方：天齐锂业

天齐锂业于 1995 年 10 月在四川成立，是一家在深圳证券交易所上市的公司。天齐锂业在我国锂行业中处于"领头羊"的地位，并在矿石提锂企业中位列全球第一。在锂电核心材料方面，国内最大的供应商就是天齐锂业。在锂电池行业，电池级碳酸锂被广泛使用，天齐锂业拥有国内碳酸锂电池 54% 的市场。同时，作为世界上提锂企业中排名第一的天齐锂业，拥有国际上先进的技术水平，能够生产出高质量的电池级无水氯化锂与碳酸锂。在四川省的工业"7 +3"规划中将天齐锂业确定为新材料、锂电新能源方面的领军企业。天齐锂业的技术水平、产品质量、创新能力和资源储备，让国内的其他锂企业望尘莫及。

2. 被并购方：泰利森

泰利森在 2009 年 10 月成立，注册地在澳大利亚的珀斯市。泰利森主要是经营锂辉石矿，对矿石进行开采、刷选、加工及销售。加拿大多伦多证券交易所在 2010 年 9 月同意泰利森在该所挂牌交易。泰利森不仅拥有全球最大的锂辉石矿场，而且其矿石质量也是最好的。泰利森是世界上最大的固体锂矿供应商，天齐集团的锂精矿也都是由它供应。泰利森的锂精矿在世界上拥有 1/3 的市场份额，在中国则占主导地位，其市场份额高达 80%。

3. 并购背景

事件的导火索是美国洛克伍德控股公司（天齐锂业的竞争对手）决定收购泰利森，要以每股 6.5 加元收购其全部股权。因为锂精矿与其他矿产品不同，全球的锂矿被几个寡头控制，并且国内锂精矿资源少，对外的依赖程度非常高。倘若泰利森被洛克伍德收购，锂矿资源就会被国外垄断。这不仅会对天齐锂业造成致命的威胁，也会严重制约我国锂行业的发展。

4. 并购过程

为了阻止洛克伍德收购泰利森，也为了稳定锂精矿的来源，天齐锂业决定收购泰利森。首先，天齐锂业在澳大利亚成立了壳公司——文菲尔德。在 2012 年 9 月 26 日，将文菲尔德的股权全部转让给子公司天齐集团香港。文菲尔德采用协议转让、在二级市场购买等方式，到 2012 年 12 月 6 日为止，累计取得泰利森 19.99% 的股权。

文菲尔德与泰利森于 2012 年 12 月 6 日商定用每股 7.50 加元收购泰利森剩下 80.01% 的股权，并于当日签订了《协议安排实施协议》。泰利森股东大会在 2013 年 2 月 27 日通过了协议并购的相关事宜。文菲尔德在 2013 年 3 月 26 日和泰利森方面签订了《股权大宗交易转让证明》。这标志着收购泰利森工作的圆满完成，文菲尔德获得了泰利森 100% 的股权。

5. 并购资金来源

公司 2014 年 3 月 12 日公告，称增发 A 股定向募集资金净额 302437.25 万元，用于并购。根据《四川天齐锂业股份有限公司非公开发行股票认购邀请书》规定的定价原则，公司和主承销商确定本次发行价格为 28 元/股。

6. 参与并购的 8 名特定投资者认购情况

参与并购的 8 名特定投资者认购情况如表 1 所示。

表 1 　　　　　　　　　**参与并购的 8 名特定投资者认购情况**

序号	发行对象	认购数量（万股）	限售期
1	国华人寿保险股份有限公司	1380.00	12 个月
2	汇添富基金管理股份有限公司	1910.00	12 个月
3	平安资产管理有限责任公司	1350.00	12 个月
4	兴业全球基金管理有限公司	1460.00	12 个月
5	新华资产管理股份有限公司	1360.00	12 个月
6	富国基金管理有限公司	1350.00	12 个月
7	西藏瑞华投资发展有限公司	1350.00	12 个月
8	南方基金管理有限公司	1016.00	12 个月
合　计		11176.00	—

本次非公开发行的新股登记完成后，公司前 10 名股东及其持股情况如表 2 所示。

表 2 　　　　**非公开发行的新股登记完成后公司前 10 名股东及其持股情况**

序号	股东名称	持股数量（股）	持股比例（%）	限售股数（股）	限售期截止日
1	成都天齐实业（集团）有限公司	93717000	36.22	93717000	2016 - 8 - 30
2	张静	14688000	5.68	—	—
3	国华人寿保险股份有限公司 - 分红二号	13800000	5.33	13800000	2015 - 3 - 12
4	新华人寿保险股份有限公司 - 分红 - 团体分红 - 018L - FH001 深	13600000	5.26	13600000	2015 - 3 - 12

序号	股东名称	持股数量（股）	持股比例（%）	限售股数（股）	限售期截止日
5	西藏瑞华投资发展有限公司	13500000	5.22	13500000	2015-3-12
6	中国平安人寿保险股份有限公司－分红－银保分红	10450000	4.04	10450000	2015-3-12
7	兴业银行股份有限公司－兴全趋势投资混合型证券投资基金	6010000	2.32	6010000	2015-3-12
8	兴业全球基金－上海银行－兴全定增41号分级特定多客户资产管理计划	5760000	2.23	5760000	2015-3-12
9	汇添富基金－兴业银行－上海混沌投资（集团有限公司）	5200000	2.01	5200000	2015-3-12
10	中国工商银行－南方绩优成长股票型证券投资基金	5080200	1.96	5080200	2015-3-12
	合 计	181805200	70.27	167117200	

7. 股东减持情况

参与并购的4名特定投资者减持情况如表3所示。

表3   参与并购的4名特定投资者减持情况

序号	股东名称	减持方式	减持期间	减持均价（元）	减持股数（股）	减持比例（%）
1	国华人寿	二级市场	2015年3月13日	51.04	1365600	0.52
		合计	-	51.04	1365600	0.52
2	西藏瑞华	二级市场	2015年3月13日	51.39	500000	0.193
		二级市场	2015年3月17日	52.03	4000000	1.546
		合计	-	51.96	4500000	1.739
3	平安人寿	二级市场	2015年3月20日	55.25	691380	0.27
		合计	-	55.25	691380	0.27
4	新华人寿分红	二级市场集中竞价方式	2016年4月27日	165.86	600000	0.23
			2016年5月3日	163.05	2000000	0.76
		合计	—	—	2000000	0.99

资料来源：Wind 数据库。

8. 案例提供的结果及启示

本案例的关注重点在于参与定向增发的这10名特定的投资人，与此相关的参考资料除了前面提供的背景资料外，还包括上市公司定期公告及证券市场交易的相关数据资料。本案例资料的局限性主要表现在：原参与定向增发的 10 位投资人的利润收益的会计数据无法获得；在这种与特定的投资人定向增发的"新常态"下，不同的投资主体的投资行为是否能跟上"新常态"的发展。

讨论题目

从定向增发制度的设立到新股发行的改革，制度总能带给人们太多的启示，引发人们太多的思考。结合天齐锂业的定向增发，重点思考如下问题：

（1）如何判断和评价本案例所描述的盈利方式？

（2）定向增发股票的上市日会给不同投资主体带来哪些行为和思考？

（3）如何评价本案例所提出定向增发股票的上市日的买入法的投资方法？

（4）本案例是否可以总结一种新的盈利模式及方法？为什么？

附录

"'新常态'下增发 A 股限售股上市日买入法的盈利模式"案例说明书

一、本案例要解决的关键问题

本案例要实现的教学目标在于：引导投资者进一步关注定特定的投资人参与增发的行为操作及其盈利方法行为的选择。即一方面，投资者可以进一步思考上市公司在并购与重组上的行为选择和资金来源方式，关注我国上市公司并购实务中新出现的向特定投资人增发的问题；另一方面，投资者可以在重点关注投资基金、产业基金在企业并购中的行为选择等内容的基础上，进一步关注定向增发给上市公司并购带来机遇，由于有机构资金的进入，取得多盈的可能性和合理性概率加大，普通投资者对上市公司在并购重组中的投融资思路应该正确面对，并购重组多盈的机会很大。

二、案例讨论的准备工作

为了有效实现本案例教学目标，投资者应该具备以下相关知识背景。

1. 理论背景

上市公司并购的分类与上市公司并购方式的界定；购买法、权益结合法的基本内容及其财务影响比较；并购环境与并购政策选择；企业并购融资处理方法的选择方式；战略投资者退出等基本问题。

2. 行业背景

目前全球和中国的锂离子电池消费都主要集中于消费类电子产品市场，尽管其市场份额处于下降趋势，但仍然占锂离子电池消费总量的2/3以上，并且随着智能手机、平板电脑等移动终端的消费需求继续保持增长态势。国元证券研究表明，该市场需求在未来几年内仍将保持10%以上的复合增长率。

锂电池概念关乎整个新能源汽车行业的发展。天齐锂业（002466）是我国锂电池行业的"领头羊"，从事锂电池产品的研发、生产和销售。在本次宏观面向好的情况下，公司盈利水平有望得到提高。2015年9月15日，FMC公司宣布自2015年10月1日起，在全球范围内，全线提升旗下锂产品价格，带动国内锂价上涨；同时随着我国新能源汽车1~9月累计生产15.62万辆，同比增长近3倍销量公布，10月份碳酸锂价格再度大涨，涨幅达7.9%，创单周涨幅纪录，主流厂商电池级碳酸锂报价已达到60000元/吨。在需求依然强劲、供给有效控制的情况下，锂价有持续上涨的动力。在行业景气度持续上涨的背景下，国内锂电池行业有望在国际市场上占据更大的份额。

3. 制度背景

企业会计准则关于企业并购及其会计处理方法的现行规范；公司法等有关法规对企业并购的相关规定。

三、案例分析要点

1. 需要投资者识别的关键问题

本案例需要投资者识别的主要知识点包括：企业并购的方式、企业并购融资处理方法及其选择、企业并购定向增发及减持方法的研究现状及动态。

2. 解决问题可供选择的方案及其评价

（1）关于并购方式的判断。

根据企业并购后主体的法律地位，企业并购分为吸收并购、新设并购、控股并购三种方式。应依据这三种并购方式的特点对本案例进行判断。

（2）关于融资处理方式的选择。

无论企业并购是吸收并购、新设并购还是控股并购方式，企业并购的融资处理方法主要有两种：一种是采用发行债券的方法；另一种是采用向特定的投资人增发股票的方法。本案例重点讨论定向增发的战略投资人获利的方法。

本案例还想提醒投资者的是：如果有可能，此类参与并购定向增发的战略投资人是否获利？作为我们普通投资人是否也可以有一个相对安全的选择？也就是说，从机构投资者的研究角度来看，参与定向增发的行为将可能获得巨大收益，应该引起进一步的关注。

运用认知心理学原理，将人的判断与认知过程理解为信息加工过程，根据信息处理的特征，从原理上分析认知过程存在的偏差。大量的心理学实验表明，人在认知过程中会运用一种叫作启发式的认知捷径，也叫经验法则，包括代表性启发、可得性启发、锚定与调整等，而这一过程可能会导致启发式偏差。另外，人们所面对问题的背景或表现形式也会对人们的判断带来影响，从而导致框定偏差。这些偏差是导致人有限理性的心理学原因。

3. 解决问题的方案

（1）关于本案例并购方案及过程。

天齐锂业 2014 年 8 月 24 日晚间发布收购方案，公司拟以 1.22 亿美金（约合人民币 7.56 亿元）并购银河锂业国际 100% 的股权，后者持有银河锂业江苏公司 100% 的股权。银河锂业江苏拥有年产 17000 吨碳酸锂的生产线。如果收购顺利实施，天齐锂业不仅是拥有锂辉石和卤水提锂的双料巨头，而且将在中游加工领域大大增强话语权，真正成为全球重要的锂业巨头之一。

根据交易方案，标的资产银河锂业国际的主要资产为子公司银河锂业江苏，银河锂业江苏于 2010 年 2 月开始建设，于 2012 年 4 月开始试生产，基本能达到不间断连续生产设计要求。银河锂业江苏的建造成本约 1.3 亿美元，重置成本在 1.5 亿美元以上，交易对方对标的公司的估值为 2.36 亿 ~ 2.73 亿美元。基于银河锂业江苏的建造成本、重置成本、银河资源在澳大利亚证券交易所的股票交易价格所反映的银河锂业江苏价值，以及第三方研究机构的研究报告，经双方协商，公司确定标的企业价值为 2.3 亿美元，扣除需要公司承接的债务约 1.08 亿美元后，以协议方式确定初步交易价格为 1.22 亿美元。

回首天齐锂业近年来在锂电行业的发展路径可以看出，随着行业趋向回暖，公司并购也逐步由被动趋向主动。2014 年 5 月，公司通过非公开发行股票募集资金收购了文菲尔德 51% 的股权，控制了西澳大利亚格林布什矿（Greenbushes）的锂矿石资源，保障了公司原料供应，实现了从锂精矿开采到锂产品加工一体化经营格局。

此次并购将大大提升天齐锂业在全球锂业的地位。泰利森作为全球最大的固体锂矿生产商，占全球锂辉石矿供应量的 2/3，占全球锂资源（包括锂辉石、盐湖提锂产品）市场约 30% 的份额，2012 年泰利森锂精矿产能已扩大至年产 74 万吨。本次收购银河锂业江苏后，天齐锂业中游锂产品加工能力将迅速扩大，与上游锂资源开发产能相匹配，真正使公司由单纯的锂加工企业转变为拥有集锂辉石资源、锂矿采选加工、锂系列产品深加工及销售于一体的全球化锂业重要公司。

（2）并购融资方案引发的关注重点。

现在多数上市公司的并购融资方案，都是定向增发，那么这些参加增发机构的盈利方式可以引发普通投资人的各种思考。而针对这一新型的并购融资方式，建议投资者重点思考以下三点：第一，这种定向增发方案与过去的向老股东配股方案根本的区别在哪里？如何评价这种需求的合理性？第二，在供给侧条件下，上市公司并购融资对现行法规建设提出了哪些新的要求？第三，如果说这一方案实施的并购融资属于新常态，那么，在这种新常态下，是否能够避免与老股东利益冲突问题？

（3）关于本案例实际定向增发的战略投资人退出的市场价格确定。

据公司公布的公开信息，天齐锂业限售股解禁明细见表1。

表1 天齐锂业限售股解禁明细

| 解禁日期 | 股份数量（万股） | | | 上市股份类型 |
	解禁前流通股	本次解禁	解禁后流通股	占解禁前流通股
2016/8/30	62715.88	35612.46	98328.34	56.78
2015/3/13	5328.30	11176.00	16504.30	209.75

2015 年 3 月 13 日天齐锂业（002466）收盘价 51 元，10 名特定投资人共持有可解禁的流通股 11176 万股，而解禁前的流通股只有 5328.3 万股！特定投资人的增发价为 28 元。

（4）关于定向增发机构配售股份解禁日购买法对于本案例的适用性。

天齐锂业 2014 年 3 月 12 日披露定增结果，公司最终以每股 28 元的价格成功发行 11176 万股，募得资金 31.3 亿元，该发行价格较公司此前预定的发行底价每股 24.50 元溢价约 14%。大佬刘益谦率领的国华人寿给出了最高申购价，并最终获配 1380 万股，成为持股 5% 以上的股东。公告显示，国华人寿、平安资管、新华资管等保险资金，汇添富、富国、兴业、南方等基金大腕以及西藏瑞华投资发展有限公司最终获得了认购资格。从申购价格来看，国华人寿报出了 35.01 元的最高价，该价格较定增底价上溢了约 43%，国华人寿的实际控制人是资本大佬刘益谦。

那么本案例是否又具有采用定向增发机构配售股份解禁日购买法的可能呢？

从目前市场交易技巧来看，并未有定向增发机构配售股份解禁日购买法的说法。如果将企业并购定向增发机构的盈利模式进行归类总结，假设特定投资人参与本并购定增属于一项市场盈利行为，那么，我们普通的投资者就可以采用定向增发机构配售股份解禁日购买法。

本案例可否采用定向增发机构配售股份解禁日购买法？要回答这个问题，首先必须有一个假定条件：该上市公司的业绩可能大增，该公司股票前期并没有大涨。然后，在此基础上，至少还需要思考以下五个问题：

第一，就参与并购定增的主体机构而言，其本质特征就是如何盈利减持?

第二，从并购定增减持方式来关注，是否更适合采用定向增发机构配售股份解禁日购买法?

第三，如果适合采用定向增发机构配售股份解禁日购买法，是否还有必要区分一下当前的市场状况?

第四，定向增发机构配售股份解禁日购买法具有哪些特征?

第五，如果采用定向增发机构配售股份解禁日购买法，是否可以避免货币的时间成本问题? 这时，如何设计一个最优的买入方案? 这正是希望投资者进一步关注的问题。

四、教学组织方式

1. 问题清单及提问顺序、资料发放顺序

本案例讨论题目依次为:

（1）如何判断本案例的 10 个特定投资人参与并购定向增发动机?

（2）如何判断本案例的 10 个特定投资人参与并购定向增发的盈利方式?

（3）如果说本案例属于一种新的机构盈利模式，那么这种新盈利模式与一般意义上的新股申购盈利模式相比，具有什么特殊性?

（4）"新常态"下的并购定增方案带来哪些思考?

（5）如何确定本案例实际采用的定向增发机构配售股份解禁日购买法?

（6）如何评价本案例实际采用的定向增发机构配售股份解禁日购买法?

（7）本案例能否说明，采用定向增发机构配售股份解禁日购买法可获得相对无风险收益? 为什么?

（8）你如何理解定向增发机构配售股份解禁日购买法的理论合理性和实务的可行性?

本案例的参考资料及其索引，在讲授有关知识点之后一次性布置给投资者。

2. 课时分配

（1）课后自行阅读资料：约 3 小时。

（2）小组讨论并提交分析报告提纲：约 3 小时。

（3）课堂小组代表发言、进一步讨论：约 3 小时。

（4）课堂讨论总结：约 0.5 小时。

3. 讨论方式

本案例可以采用小组式进行讨论。

4. 课堂讨论总结

课堂讨论总结的关键是：归纳发言者的主要观点；重申其重点及亮点；提醒大家对焦点问题或有争议观点进行进一步思考；建议大家对案例素材进行扩展研究和深入分析。

参考文献

［1］天齐锂业投资者调研访谈记录。

［2］天齐锂业：《非公开发行股票发行情况报告暨上市公告书》。

［3］天齐锂业：《关于持股 5% 以上股东股份减持计划完成的公告》，2016 年 5 月 4 日。

［4］天齐锂业：《简式权益变动报告书》，2016 年 4 月 29 日。

［5］天齐锂业：《关于持股 5% 以上股东减持股份的提示性公告》，2016 年 4 月 29 日。

［6］天齐锂业：《关于持股 5% 以上股东股份减持计划的预披露公告》，2016 年 3 月 26 日。

［7］天齐锂业：《关于控股股东及其一致行动人完成增持计划的公告》，2015 年 11 月 16 日。

［8］天齐锂业：《关于控股股东一致行动人增持公司股份的进展公告》，2015 年 9 月 17 日。

［9］天齐锂业：《关于控股子公司减资的公告》，2015 年 8 月 7 日。

［10］天齐锂业：《关于控股股东一致行动人增持公司股份的进展公告》，2015 年 7 月 25 日。

［11］天齐锂业：《关于控股股东及其一致行动人增持公司股份计划的公告》，2015 年 7 月 10 日。

［12］天齐锂业：《关于持股 5% 以上股东减持股份的提示性公告》，

2015 年 3 月 24 日。

　　[13] 天齐锂业：《关于持股 5% 以上股东减持股份的提示性公告》，2015 年 3 月 18 日。

　　[14] 天齐锂业：《关于持股 5% 以上股东减持股份的提示性公告》，2015 年 3 月 14 日。

　　[15] 天齐锂业：《第三届董事会第十一次会议决议公告》，2014 年 8 月 11 日。

　　[16] 天齐锂业：《关于完成 Windfield Holdings Pty Ltd 51% 权益交割的公告》，2014 年 5 月 29 日。

　　[17] 天齐锂业：《关于非公开发行股票股东权益变动的提示性公告》，2014 年 3 月 12 日。

基于 DPSIR 模型的呼和浩特市城市土地集约利用评价研究

李雪敏[*]

　　土地是人类赖以生存和发展的基础，土地资源的稀缺性是人们集约利用土地的直接动力（毕宝德，2001）。城市土地集约利用是在布局合理、结构优化和可持续发展的前提下，通过增加存量土地投入、改善经营管理等途径，不断提高土地利用效率和效益，取得良好的经济效益、社会效益和生态效益的过程（毛蒋兴、闫小培，2005）。城市土地集约利用综合评价是提高土地集约利用程度的基础性工作，其评价不仅需要构建完整的指标体系和合理的评价标准，更需要有合适的评价方法支撑（常青、王仰麟、吴健生等，2007）。DPSIR 模型于 2003 年被引入国内，最早主要用于解决生态环境方面的问题，近几年也被许多学者用于土地利用研究。基于此，本文在已有研究的基础上，对 DPSIR 模型构建城市土地集约利用评价体系进行进一步的探索研究，以呼和浩特市为研究实例，以期在对城市土地集约利用做出全面的综合性评价的同时，验证该评价体系构建的合理性和科学实用性。

研究区概况

　　呼和浩特市位于内蒙古自治区中部的土默川平原上，地理坐标为北纬 39°35′~41°25′，东经 110°31′~112°20′。辖区包括 4 区（新城区、回民

---

　　* 李雪敏，博士，讲师，工作单位为内蒙古财经大学财政税务学院，研究方向为土地资源管理与房地产评估。

区、玉泉区和赛罕区)、4 县(托克托县、和林格尔县、清水河县、武川县)和 1 旗(土默特左旗)。据《呼和浩特市 2015 年国民经济和社会发展统计公报》显示,截至 2015 年年末,呼和浩特市常住总人口约 305.96 万人,城区人口 188.08 万人。该区域地势北高南低、东高西低,由东北向西南缓缓倾斜,北部为大青山和北麓丘陵,中部为土默川平原,东南分布有山地和黄土丘陵,海拔 995~2280 米。位于温带内陆地区,属典型的温带大陆性季风气候,年平均温度 6.4℃左右,年平均降水量 400 毫米左右。区域内主要分布着地带性植被类型,包括针叶林、灌丛、阔叶林、典型草原和草甸草原等地带性植被类型,还分布有隐域性植被,如草甸、盐生、沙地和沼泽等,以及人工植被。

呼和浩特市近年城镇化率不断提高,经济社会持续稳步发展。据《呼和浩特市 2015 年国民经济和社会发展统计公报》显示,2015 年呼和浩特市实现地区生产总值 3090.52 亿元,同比增长 6.79%,其中,第一产业、第二产业、第三产业实现增加值为 125.46 亿元、848.19 亿元、1920.40 亿元,其对经济增长的贡献率分别为 0.32%、9.68%、90%。2015 年末全市就业人员 178.2 万人,比 2011 年末增加 9.9 万人,增长 5.88%。全年完成固定资产投资 1604.64 亿元,完成一般公共预算支出 360.65 亿元,较 2011 年分别增长了 55.49%、41.06%。

依照《城市用地分类与规划建设用地标准》,2015 年呼和浩特市建设用地规模达 229.91 平方公里,其中居住用地、工业用地、商业服务业设施用地、交通设施用地、公共管理与公共服务用地、物流仓储用地、公共设施用地和绿地等各类用地结构详见表 1。

表1　　　　　　　　　　　2015 年呼和浩特市建设用地结构

用地类型	用地规模(平方千米)	占建设用地的比例(%)
居住用地	74.24	32.29
公共管理与公共服务用地	22.50	9.79
商业服务业设施用地	25.52	11.10
工业用地	18.56	8.07
物流仓储用地	8.35	3.63
交通设施用地	42.92	18.67
公用设施用地	4.64	2.02
绿地	33.18	14.43
小计	229.91	100

指标与研究方法

1. 土地集约利用评价指标体系

本文利用 DPSIR 模型结构中包含的五个指标体系，选取指标层关于城市土地集约利用评价的影响因子。DPSIR 模型下城市土地集约利用系统的内涵是指，在区域经济持续增长和城市快速发展等因素的驱使下（D），有限且稀缺的土地资源承受来自经济快速发展、人口急剧膨胀和城市大幅扩张所带来的压力（P），在该压力下土地的使用强度、土地利用类型、结构和功能等的变化状态（S）对城市的大气环境、交通环境和生态环境等产生影响（I），迫使城市决策部门对一系列的影响做出响应（R），采取积极的措施调控土地利用的行为，改善环境，确保土地与环境状况及态势的优化（李进涛、谭术魁、汪文雄，2009），实现可持续发展。通过对模型内涵及结构的系统剖析，最终评价指标体系，以模型中的五个指标作为准则层，共选择人均 GDP、建设用地年增长率、交通阻塞程度等 17 个指标因子作为指标层（见表 2）。

表 2　　DPSIR 模型下的城市土地集约利用评价指标体系

目标层	准则层	指标层
城市土地集约利用评价	驱动力指标体系（F_1）	人均 GDP（F_{11}）
		GDP 增长率（F_{12}）
		第三产业占 GDP 的比重（F_{13}）
		城市化率（F_{14}）
	压力指标体系（F_2）	建设用地年增长率（F_{21}）
		城市人口与用地弹性系数（F_{22}）
	状态指标体系（F_3）	建筑密度（F_{31}）
		城市人口密度（F_{32}）
		地均 GDP（F_{33}）
		人均道路面积（F_{34}）
		绿地覆盖率（F_{35}）

续表

目标层	准则层	指标层
城市土地集约利用评价	影响指标体系（F_4）	交通阻塞程度（F_{41}）
		环境噪声（F_{42}）
		空气综合污染指数（F_{43}）
	响应指标体系（F_5）	地均固定资产投入（F_{51}）
		地均基础设施投入（F_{52}）
		地均环保投入（F_{53}）

注：①城市人口与用地弹性系数：人口增长百分比与建设用地增长百分比值；②地均环保投入：建成区单位面积上的污染治理投资。

2. 研究方法

（1）DPSIR 模型。

1993 年欧洲环境署首次提出 DPSIR（driving – forces – pressure – state – impact – response，DPSIR）模型的概念，DPSIR 模型是由 PSR 模型演化而来的（Edward R. Carr et al.，2007；Bowen Robert E.，Riley Cory，2003），并结合 DSR 模型的优点建立起来用于解决环境问题的模型，即在压力—状态—响应（pressure – state – response，PSR）3 个指标体系的基础上加入了驱动力（driving forces）和影响（impact）2 个指标因素，构成了 DPSIR 模型（见图 1）。

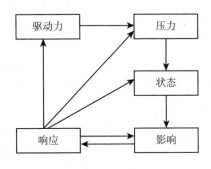

图 1　DPSIR 模型结构

DPSIR 模型揭示了人类活动与环境的因果关系，应用较为广泛，为人类活动、资源、环境与可持续发展研究的方案及其评价提供概念模型（European Envionment Agency，2002；Odermatt Simon，2004）。各指标的内涵分别为：驱动力（driving forces），即引起环境变化的潜在原因，如社会经济发展水平、人口规模等；压力（pressure），即环境的直接压力因子，指人类社会经济行为对区域内生态环境和资源的影响，例如，对能源的消耗和废物的排放，表现为土地盐渍化、沙漠化等；状态（state），即反映环境状态在上述压力下变化的情况，既反映经济现状，又反映资源环境的状态；影响（impact），体现了系统所处状态使生态环境和社会经济结构发生的变化，即环境状态的改变除了对环境、生态系统有影响，最终会反映对人类健康、社会经济发展的影响；响应（response），表明人类在对上述状态的变化所采取的应对措施以及制定的积极政策，以实现可持续发展，如引导可持续利用的消费和生产、增加投资等。

（2）主成分分析。

主成分分析方法的目的，是把反映样本某项特征的多个指标变量转化为少数几个综合变量，在实际选取指标过程中，由于指标选取较多，往往存在多个变量之间具有一定相关性的问题，如果仅选取少量指标可能会忽略对研究对象影响较大的指标，使研究结果的可靠性出现偏差，采用主成分分析可以做到用较少的综合变量代替选取的多数变量，可以避免并简化上述问题。其具体计算步骤为：

① 对选取指标的原始数据进行标准化处理。

$$X = \begin{bmatrix} x_{11} & x_{12} & \cdots & x_{1p} \\ x_{21} & x_{22} & \cdots & x_{2p} \\ \vdots & \vdots & & \vdots \\ x_{n1} & x_{n2} & \cdots & x_{np} \end{bmatrix}$$

上述原始数据标准化处理后，即：

$$x_{aj}^* = \frac{x_{aj} - \overline{x_j}}{\delta_j}$$

其中，

$$\overline{x_j} = \frac{1}{n} \sum_a x_{aj}$$

$$\delta_j^2 = \frac{1}{n} \sum (x_{aj} - \overline{x_j})^2$$

② 计算相关系数矩阵 R。

$$r_{aj} = \frac{\frac{1}{n}\sum_a (x_{ai} - \overline{x_i})(x_{aj} - \overline{x_j})}{\delta_i \delta_j} = \frac{1}{n}\sum x_{aj}^* x_{ai}^*$$

③ 计算特征值和特征向量。

根据特征方程 $|R - \lambda I| = 0$ 计算特征值,即解 $r_n\lambda^p + r_{n-1}\lambda^{p-1} + \cdots + r_1\lambda + r_0 = 0$ 的特征多项式,求 $\lambda_1, \lambda_2, \cdots, \lambda_p$ 并使按大小排列,即:

$$\lambda_1 \geqslant \lambda_2 \geqslant \cdots \geqslant \lambda_p \geqslant 0$$

列出关于特征值 λ_k 的特征向量 $l_k = [l_{k1}, l_{k2}, \cdots, l_{kp}]^T$,则:

$$rl_k = \lambda l_k$$

在变量较多时,一般采用雅可比法来计算特征值和特征向量。

④ 计算贡献率 $\lambda_k / \sum_{i=1}^p \lambda_i$ 和累计贡献率 $\sum_{j=1}^k \lambda_j / \sum_{j=1}^p \lambda_i$。

一般取累计贡献率达 85%~95% 的特征值 $\lambda_1, \lambda_2, \cdots, \lambda_m (m \leqslant p)$ 对应的主成分即可。

⑤ 计算主成分载荷。

$$P(z_k, x_i) = \sqrt{\lambda_k} l_{ki} (i = 1, 2, \cdots, p; k = 1, 2, \cdots, m)$$

主成分载荷为主成分 Z_k 与变量 X_i 之间的相关系数。

⑥ 计算主成分得分。

$$Z_1 = l_{11}x_1^* + l_{12}x_2^* + \cdots + l_{1p}x_p^*$$
$$Z_2 = l_{21}x_1^* + l_{22}x_2^* + \cdots + l_{2p}x_p^*$$
$$Z_m = l_{m1}x_1^* + l_{m2}x_2^* + \cdots + l_{mp}x_p^*$$

得到主成分得分矩阵为:

$$\begin{bmatrix} Z_{11} & Z_{12} & \cdots & Z_{1m} \\ Z_{21} & Z_{22} & \cdots & Z_{2m} \\ \vdots & \vdots & & \vdots \\ Z_{n1} & Z_{n2} & \cdots & Z_{nm} \end{bmatrix}$$

3. 数据来源及其标准化处理

本文构建的呼和浩特市城市土地集约利用评价指标体系中共涵盖了 17

个指标因子，指标的原始数据均来源于 2012～2016 年《中国城市统计年鉴》《内蒙古统计年鉴》《呼和浩特市统计月报》，各项指标值为原始变量，其计量单位和数量级也各不相同，表达了不同的影响作用。为了消除指标量纲的影响，使处理后的数据具有可比性，采用 Z – Score 法对原始数据进行标准化处理。设有 m 个样本，每个样本包含 n 个指标（何明花、刘峰贵、唐仲夏等，2014），则指标矩阵为：

$$X = (X_{ij})_{m \times n} \qquad (i = 1,2,\cdots,m; j = 1,2,\cdots,n) \qquad (1)$$

其中，X_{ij} 表示第 i 个样本的第 j 项指标的实际值。

$$Y_{ij} = X_{ij} - \overline{X_j}/\sigma \qquad (2)$$

其中，$\overline{X_j}$ 为指标 X_j 的均值；σ 为指标 X_j 的标准差，$\sigma = \sqrt{1/n \sum (X_{ij} - \overline{X_j})^2}$。

结合式（1）、式（2）并采用 SPSS 软件对指标的原始数据做标准化处理，得到数据标准化结果（见表 3）。

表3　　　　呼和浩特市 2011～2015 年指标数据标准化处理结果

指标	2011 年	2012 年	2013 年	2014 年	2015 年
F_{11}	− 1.0453	0.40187	− 0.67743	1.50144	− 0.18058
F_{12}	0.71778	− 0.11491	− 0.36472	1.16743	− 1.40558
F_{13}	1.17527	− 1.10217	− 0.86786	− 0.01187	0.80663
F_{14}	− 1.35579	− 0.63285	0.16238	0.72961	1.09664
F_{21}	− 0.69861	− 0.58365	0.90134	1.25965	− 0.87873
F_{22}	1.19	− 0.16	0.38	0.14	− 1.55
F_{31}	− 1.53	− 0.32	0.08	0.88	0.88
F_{32}	− 0.97913	− 0.22785	− 0.66908	0.31276	1.5633
F_{33}	− 1.22295	0.65897	0.00015	− 0.69563	1.25946
F_{34}	− 0.74414	− 1.27092	0.10979	0.90827	0.997
F_{35}	0.06286	0.1408	0.15588	− 1.57392	1.21438
F_{41}	− 1.49	0.19	− 0.19	0.20	1.29
F_{42}	0.24914	1.07959	0.66436	− 1.41177	− 0.58132
F_{43}	0.70074	0.59969	0.6493	− 0.33181	− 1.61791
F_{51}	− 1.67	0.36	0.99	0.01	0.32
F_{52}	− 1.07662	− 0.18	0.26	− 0.56	1.56
F_{53}	0.90	0.26	− 0.80	− 1.28	0.92

结果与分析

利用指标体系中的具体数据建立因子分析矩阵，采用主成分分析方法进行分析。由表4可知，前三个因子的方差均大于1，其对总目标的贡献率分别为49.544%、28.519%、16.374%，累积贡献率达到了94.436%，因此，选取前三个主成分可以较为全面地表达选取指标的信息。

表4　　　　　　　　　　　　　总方差解释

成分	初始特征值			提取载荷平方和		
	总计	方差百分比	累积（%）	总计	方差百分比	累积（%）
1	8.422	49.544	49.544	8.422	49.544	49.544
2	4.848	28.519	78.062	4.848	28.519	78.062
3	2.784	16.374	94.436	2.784	16.374	94.436
4	0.946	5.564	100			
5	$2.70E-15$	$1.59E-14$	100			
6	$1.24E-15$	$7.32E-15$	100			
7	$6.84E-16$	$4.02E-15$	100			
8	$5.19E-16$	$3.05E-15$	100			
9	$4.07E-16$	$2.40E-15$	100			
10	$1.22E-16$	$7.17E-16$	100			
11	$-1.51E-17$	$-8.85E-17$	100			
12	$-1.16E-16$	$-6.82E-16$	100			
13	$-2.91E-16$	$-1.71E-15$	100			
14	$-3.77E-16$	$-2.22E-15$	100			
15	$-4.83E-16$	$-2.84E-15$	100			
16	$-5.62E-16$	$-3.31E-15$	100			
17	$-8.49E-16$	$-4.99E-15$	100			

图2直观地显示了主成分分析中特征根的变化情况。图2中曲线存在一个明显的拐点，可见原始数据绝大部分的信息可以通过前三个主成分来

表达和概括，同时再次证明保留前三个因子作为主成分的合理性。

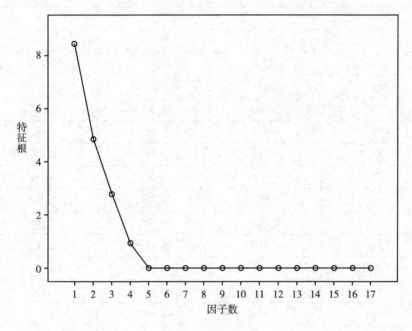

图 2　碎石图

由原始变量旋转后的成分矩阵（见表 5）可知，第一主成分与 F_{12}（GDP 增长率）、F_{14}（城市化率）、F_{22}（城市人口与用地弹性系数）、F_{31}（建筑密度）、F_{32}（城市人口密度）、F_{33}（地均 GDP）、F_{34}（人均道路面积）、F_{41}（交通堵塞程度）、F_{43}（空气综合污染指数）、F_{52}（地均基础设施投入）等指标的绝对值显示出较大的相关性，上述因子主要包含在影响呼和浩特市城市土地集约利用的驱动力指标、状态指标及影响指标体系中，反映了引起城市土地集约利用问题的潜在原因，由此原因引起土地资源变化的状态及所处状态对人类健康和社会经济结构的影响。其中，F_{32}（城市人口密度）的荷载系数最大，为 0.966，对呼和浩特城市土地集约利用水平的影响较大，即城市人口密度逐年增大要求不断提高城市土地集约利用水平；F_{12}（GDP 增长率）、F_{22}（城市人口与用地弹性系数）和 F_{43}（空气综合污染指数）的载荷系数均为负数，反映呼和浩特市经济的发展及城市人口的增长对土地的利用强度越来越高，对环境产生的负面影响较为明显。

表5 旋转后的成分矩阵

指标	成分		
	1	2	3
F_{11}	0.369	0.731	0.052
F_{12}	-0.623	0.675	-0.337
F_{13}	0.092	-0.287	-0.941
F_{14}	0.928	0.327	0.061
F_{21}	-0.016	0.916	0.220
F_{22}	-0.937	0.260	-0.141
F_{31}	0.888	0.426	0.172
F_{32}	0.966	-0.085	-0.160
F_{33}	0.730	-0.45	0.482
F_{34}	0.779	0.395	-0.309
F_{35}	0.292	-0.927	0.135
F_{41}	0.946	-0.016	0.267
F_{42}	-0.538	-0.561	0.629
F_{43}	-0.935	0.091	0.340
F_{51}	0.541	0.192	0.805
F_{52}	0.868	-0.384	0.242
F_{53}	-0.007	-0.924	-0.339

　　第二主成分与 F_{21}（建设用地年增长率）、F_{35}（绿地覆盖率）和 F_{53}（地均环保投入）指标的绝对值呈现较大的相关性，主要反映了压力指标和响应指标。第二主成分的贡献率为28.519%，其中压力指标中的因子 F_{21}（建设用地年增长率）的荷载为0.916，表明控制建设用地的年增长额对提高呼和浩特市城市土地集约利用水平起着至关重要的作用，或者说城市建设用地的逐年扩张，导致城市用地压力较大，人地矛盾突出；F_{35}（绿地覆盖率）和 F_{53}（地均环保投入）的载荷系数均为负值，表明呼和浩特市城市土地投入强度较低，存在着土地低效利用的情况。

　　第三主成分的贡献率为16.374%，与 F_{13}（第三产业占GDP的比重）和 F_{51}（地均固定资产投入）有着较大的相关性，集中反映了驱动力指标和响应指标。

利用表 5 主成分载荷矩阵每列的系数除以相应的特征值的平方根后得到主成分系数向量，将向量和标准化处理后的数据带入主成分表达式中，计算得到各主成分得分（见表 6）。

表6   主成分得分

年份	F_1	排名	F_2	排名	F_3	排名
2010	− 3.535	5	− 1.272	4	− 1.934	5
2011	− 1.050	4	− 0.882	3	1.733	2
2012	− 0.656	3	0.466	2	1.773	1
2013	0.900	2	3.614	1	− 0.864	4
2014	4.342	1	− 1.927	5	− 0.708	3

以三个主成分的方差贡献率（49.544%、28.519%、16.374%）作为加权数值，结合表 6 的主成分得分，进行加权求和计算得到呼和浩特市土地集约利用的综合得分（见表 7）。表 6 的第一主成分排名与表 7 综合得分的排名一致，主要由于第一主成分的贡献率占到将近一半的比率，能够基本反映呼和浩特市城市土地集约利用的整体情况。

表7   呼和浩特市土地集约利用综合得分

项目	2011 年	2012 年	2013 年	2014 年	2015 年
得分	− 2.431	− 0.488	0.098	1.335	1.485
排名	5	4	3	2	1

土地集约利用水平的综合得分及排名呈现出，呼和浩特市城市土地集约利用水平逐年提高和部分节点飞跃式显著提高的特征。

第一，从时间维度上看，2011～2015 年呼和浩特市城市土地集约利用水平呈现逐年提高的态势。2011 年和 2012 年综合得分较低，均为负值，可见这两年对土地集约利用的重视程度相对不足；以 2012 年作为转折点，土地集约利用水平的综合得分由负值转为正值且持续提升，这与过去 5 年间固定资产、城市基础设施、生态环境保护与治理等方面的投资力度逐年加大有着密不可分的关系。总体来说，2011～2015 年第一主成分的得分最高，其中驱动力指标、状态指标和影响指标的得分较高；第二主成分的得分相对较高，但压力指标的分数小于代表第一主成分的驱动力指标和状态指标，由此反映出近几年呼和浩特市在土地利用的过程中，虽然从原始数据来看各项投入逐年不断增加、集约利用水平逐年提高，但是仍然存在对土地集约利用认识不到位或者响应不足的问题，市政府及相关部门仍要加大对各项基础设施及环境治理等方面的关注与投资。

第二，呼和浩特市城市土地集约利用水平在 2012 年和 2014 年分别有两次飞跃式的显著提高，笔者认为这与相关政策的制定出台及落实有很大关联。具体来说，2011 年，《呼和浩特市土地利用总体规划》出台落实，市政府以规划为依据制定了切实可行的建设用地计划及实施方案，转换土地粗放利用的模式，大力推进土地节约集约利用，以内涵挖潜为主，向形成合理的用地规模、结构和布局的方向调整，由此，使土地利用效率及集约水平在 2012 年有了相对的提高。为了着力解决环境问题，呼和浩特市政府将 2014 年确定为全市环境保护整治年，加大投资力度，重点实施四大环境整治（水污染防治、农业污染防治、大气污染防治，以及固体废物利用及污染防治）。从综合得分不难看出，2014 年得分较前几年有了显著的提高，其中环保投入的贡献率不容忽视。

四、
讨论

呼和浩特市是内蒙古自治区的首府，人口较为密集，经济发展速度和城镇化率逐年提高，土地集约化利用是土地高效利用的关键。通过主成分载荷矩阵发现，第一主成分的贡献率最大，相关系数较高的因子主要包含在驱动力指标、状态指标及影响指标体系中，集中反映了引起城市土地集约利用问题的潜在原因。从具体的经济社会等变量分析结果来看，呼和浩特市城市土地的扩张主要受经济的增长及城镇化率增加的驱动（D），所以，在对城市土地集约利用评价时需对这类型的指标给予更多的关注；压力指标（P）中城市人口与土地弹性系数贡献较大，该指标的数值也逐年降低，说明呼和浩特市建设用地的扩张速度大于城市人口的增长速度，可能存在划而未用的情况；状态指标（S）的各个因子均与土地集约利用有着较大的相关性，也因此说明土地资源的集约利用对环境状况的影响；影响指标（I）的交通堵塞程度和环境噪音得分较高，可见土地资源的开发利用对城市的交通和环境等状况产生了巨大影响；响应指标（R）得分虽逐年提高，但与其他指标相比而言仍然较低，对土地集约利用的贡献率不大，仍然存在响应不足的问题，投入的不足明显影响着土地集约利用的程度，因此，对该指标的重视可能成为呼和浩特市提升土地集约利用水平需要努力的主要方向。

所以，从评价结果和实际情况出发来考虑，呼和浩特市应该融"创新、协调、绿色、开放、共享"五大发展理念于土地集约利用的问题上，对驱动—压力—状态产生的影响做出积极响应，着眼于去、降、补思路制定针对有效的响应措施，以期实现经济、社会与生态效益的最大化，解决人口、资源、环境与城市建设之间的矛盾。首先，积极落实好用地政策。根据实际情况减少土地储备和供应计划，全面清理规范土地市场，清理闲置土地，规范完善房地产市场，降低房地产库存，并在用地转换和盘活利用方面做文章，提高供地率。其次，创新用地供地模式。限供住宅用地、少供商业用地、灵活供应工业用地，实行工业用地租让结合等弹性化供地模式，大力支持和保障基础设施、生态环境、教育、医疗、卫生、文化、社会安全等项目用地，补齐社会基础设施短板。

五、
结论

第一，基于 DPSIR 模型构建包括驱动力、压力、状态、影响和响应 5 个指标的城市土地集约利用指标体系，通过主成分分析方法，以呼和浩特市为实证案例进行分析的结果说明：分析方法使指标体系中因子变量降维后的信息量仍然能保持在一个较高的水平上，有利于明确解决问题的思路和方向；指标体系合理，可行性较强，能够较好地应用于城市土地集约利用水平的测度，具有一定的推广意义。

第二，通过对指标体系的分析发现，DPSIR 模型指标体系之间的相关性和协调性对城市土地集约利用水平的提高起着重要作用，任何一个指标的得分高低都会影响到整个土地集约利用水平的综合得分。其中，GDP 增长率、城市人口与用地弹性系数、城市人口密度、地均基础设施投入和地均环保投入是影响呼和浩特市城市土地集约利用变化的重要因素，在实践中应予以关注。

第三，呼和浩特市城市土地集约利用水平呈现逐年提高的态势，但是受政策的出台与落实状况影响较大，应该在未来的不同时段，针对重要影响因子，采取有效的干预措施进行积极响应。

第四，本文的指标体系能够综合反映城市土地集约利用的状况，但对各项指标的内涵尚未进行科学的界定，指标选取仍带有一定的主观性，而且由于选取指标来源的受限性，也无法全面考虑各类因素对呼和浩特市城市土地集约利用的影响程度，还有待进一步深入研究。

参考文献

［1］毕宝德：《土地经济学》，中国人民大学出版社 2001 年版。

［2］常青、王仰麟、吴健生等：《城市土地集约利用程度的人工神经网络判定——以深圳市为例》，载于《中国土地科学》2007 年第 4 期。

［3］何明花、刘峰贵、唐仲夏等：《西宁市城市土地集约利用研究》，载于《干旱区资源与环境》2014 年第 3 期。

［4］李进涛、谭术魁、汪文雄：《基于 DPSIR 模型的城市土地集约利用时空差异的实证研究——以湖北省为例》，载于《中国土地科学》2009 年第 3 期。

［5］梁曦：《基于"DPSIR"模型的青岛市房地产建设用地的集约利用评价》，青岛理工大学硕士论文，2012 年。

［6］毛蒋兴、闫小培、王爱民等：《20 世纪 90 年代以来我国城市土地集约利用研究评述》，载于《地理与地理信息科学》2005 年第 3 期。

［7］Bowen Robert E., Riley Cory, "Socio – economic Indicators and Integrated Coastal Management", *Ocean & Coastal Management*, 2003, 46（3 – 4）：299 – 312.

［8］Edward R. Carr, Philip M. Wingard, Sara C., et al., "Applying

DPSIR to Sustainable Development", *The International Journal of Sustainable Development and World Ecology*, 2007, 14 (6): 543 – 555.

[9] European Environment Agency, "An inventory of biodiversity indicators in Europe", Technical report, 2002, 92.

[10] Odermatt Simon, "Evaluation of Mountain Case Studies by Means of Sustainability Variables – A DPSIR Model as an Evaluation Tool in the Context of the North – South Discussion", *Mountain Research and Development*, 2004, 24 (4): 336 – 341.

浅谈资产评估行业人才发展现状

王梦宇[*]

随着我国社会的进步和经济文化的发展，资产评估业务遍布各个经济活动，资产评估的行业发展开始受到行业内外的重视，而从业人员则是行业发展的核心。2016 年 12 月 1 日，《中华人民共和国资产评估法》开始实施，其中对人员选拔等方面做了要求，可见，行业人才培养发展对整个行业的发展至关重要。本文根据中国资产评估工作报告的数据对人才现状做了分析，并针对目前现状提出建议。

资产评估行业人才现状

1. 资产评估师数量

根据中国资产评估协会 2015 年行业工作报告公布的数据显示，2010 年评估师人数为 29830 人；2011 年评估师的人数为 30970 人；2012 年评估师人数为 31837 人；2013 年评估师人数为 32788 人；2014 年评估师人数最多，达到 33578 人；2015 年评估师人数相比 2014 年稍有减少为 33499 人。整体趋势如图 1 所示。根据图 1，我们分析得出，2011～2014 年，资产评估从业人员逐年递增，增加人数较少；2010～2011 年，评估师人数增加了 1140 人；2011～2012 年，评估师人数增加了 867 人；2012～2013 年，评估师人数增加了 951 人；2013～2014 年，评估师人数增加了 790 人；2014～

---

* 王梦宇，工作单位为内蒙古财经大学财政税务学院。

2015 年,评估师人数减少了 79 人。根据数据可以分析得出,评估师人数每年都在增加,但是增幅却在减少,到 2015 年,人数反而下降。由此可见,我国资产评估行业从业专业人员后备力量不足,长远发展受限。

图1 2010~2015 年资产评估师人数变化

资料来源:作者根据中国资产评估协会 2015 年行业工作报告公布数据绘制,下同。

2. 资产评估师工作年限占比

根据图 2 所示,工作年限 15 年以上具有成熟的从业经验的资产评估从业人员人数居多,这些业务经验丰富的从业人员数量多有助于资产评估行业的发展,对新从事的行业人员也有指导等多方面的作用,对行业业务起到"把关"的关键作用,对带动行业发展起到了领头作用。从图 2 中可以看出,各年龄段的从业人员人数参差不齐,人才结构出现断层,工作年限为 1~5 年的人员较少,行业后备力量不足、人才储备缺乏。

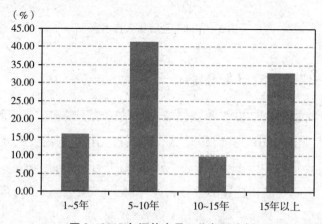

图2 2015 年评估人员工作年限比例

3. 资产评估师专业背景

我国资产评估行业起步晚，专门从事资产评估专业的人员较少，后期资产评估行业从业人员的专业以工程师、会计师、经济师、审计师居多。根据中国资产评估协会的统计数据，由图3可以看出：会计师人员占比最大，为56%；工程师居第二，人员占比为28%；经济师排第三，人员占比为11%；审计师最少，人员占比只有1%；其他人员占比为4%。资产评估最早都是由会计人员从事评估行业，资产评估行业本身与会计相关性较大，所以根据行业近些年的发展，会计师从事资产评估行业的居多，而从事本专业的资产评估师很少。从目前情况来看，我国行业从业人员专业涉及偏少。

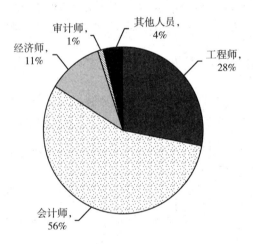

图3 不同专业背景人员占比

4. 资产评估师学历人数分布

由图4可以看出，2015年我国资产评估师学历最多的为专科和本科，人数分别达到了15361人和15957人，说明近几年我国高校人才培养有一定的效果，评估师学历逐步提升，也预示我国资产评估行业人才专业化水平在提升，但人员整体呈梯形分布，大专以下、本科生以上人数较少，评估机构中科研人员较少，科研方面发展较弱。

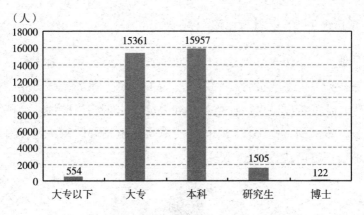

图4　2015年不同学历人数分布

存在的突出问题

1. 从业人员断层，储备力量不足

目前我国的资产评估行业出现断层问题，导致行业发展受阻，缺乏行业的中坚力量，刚入行的人员储备缺乏，行业后期发展人员配备跟不上。我国现在很多大学都设立了资产评估专业，但是据了解，真正从事资产评估行业的人员并不是很多，毕业生就业择业时第一考虑的并不是本专业的工作，而受很多因素影响从而选择其他行业，导致行业后备力量不足，从根源上看，还是行业工资待遇对毕业生择业的影响较大。

2. 人员专业背景涉及面窄，专门的资产评估专业背景的评估人员缺乏

根据资产评估行业人员知识背景现状分析，从业人员的知识背景专业比较集中在会计、工程、审计和经济四个领域，资产评估本专业的人员较少，其他专业领域的从业人员也稀少。资产评估行业本身涉及领域非常广泛，评估人员不仅要有非常扎实的评估功底，更要有各个方面的知识，人才知识背景丰富有助于评估业务更好的办理，更有助于行业多元化的发展、提升行业人员业务水平。

3. 学历水平集中，管理受限

从从业人员学历水平现状分析，我国资产评估行业从业人员的学历较集中，在业务分配上人员管理上存在一定的问题。比如，学历相当分配工作量多少、任务难度多少比较相当，如果能力水平相当的话，一些较高难度或者较低难度的工作比较难分配，工资层次也不好区别，这样对资产评估机构的管理方面造成一些问题。

三、
发展和建议

1. 资产评估法新形势下，放宽准入门槛

《中华人民共和国资产评估法》第九条中，对评估师考试条件进行了规定："具有高等院校专科以上学历的公民，可以参加评估师资格全国统一考试"，对报考人员放低了门槛。在 2017 年资产评估师考试的报名简章中公布了在校大学生，即未取得学位的在校大学生也可以申请参加评估师的考试，放低门槛可增加评估行业从业人员的储备力量，更有助于行业人员的丰富和行业的发展。

2. 培养多领域人才，丰富知识背景

资产评估行业在实务中涉及领域非常广泛。目前来看，行业人员的知识背景比较单一，针对这一现象，一方面，评估机构以及协会应当加强对评估从业人员在专业知识上多领域的培训，丰富评估人员的知识储备，对完成评估业务有很大的帮助，有助于提升从业人员的业务水平，拓宽评估机构的业务范围；另一方面，评估事务所在招聘新人方面，可以综合考虑应聘人员的专业背景，不从专业上设置太多限制，这样可以吸收多领域人才，丰富资产评估行业人员知识背景。

3. 加强高校改进课程设置，重视信息处理技术

随着科学技术进步，"会联网＋""大数据"已成为各行业各领域的热

门，针对这些新的技术，高校在基于基础专业知识的同时，也应将这些新的知识融入教学课程中去。比如，资产评估行业的大数据怎么应用，建立平台将大数据分析应用于资产评估实务中；或者将大数据本身作为一项无形资产，如何对其进行评估等诸如此类的问题。设置实践课程，培养学生信息处理、开拓新思路的方法，这是时代对行业发展和高校教育提出的新要求。

参考文献

[1] 中评协专题研究小组：《中国资产评估行业发展报告 2015（上）》，载于《中国资产评估》2017 年第 1 期。

[2] 中评协专题研究小组：《中国资产评估行业发展报告 2015（下）》，载于《中国资产评估》2017 年第 2 期。

[3] 蒋梦莹：《供给侧结构性改革助力资产评估行业转型升级》，载于《中国资产评估》2016 年第 11 期。

新形势下资产评估本科专业课程建设的思考

郑慧娟[*]

　　资产评估行业伴随着社会主义市场经济的发展而迅速发展，评估业务从传统业务向新兴业务逐渐拓展，市场对评估业务具有多元化需求。新的经济形势、新业务的出现对评估专业人才培养提出了新的要求。2016年7月《中华人民共和国资产评估法》（以下简称《资产评估法》）的出台，给我国评估行业发展环境带来变化，各方主体将会面临新的机遇和挑战：评估执业门槛降低，评估机构会面临人员结构变化以及较大的风险管理压力。上述新形势对于评估专业人才培养提出了新的挑战。资产评估本科专业是培养资产评估专业人才的主要高等教育层次，完善资产评估学科体系建设、加快教学改革、合理进行课程体系建设就成为高等学校本科教育共同面对的重大课题。

　　本文针对新形势下我国高校资产评估本科专业课程建设中存在的问题，提出了完善课程体系建设的相关措施与建议。

资产评估行业新发展

　　当前，资产评估行业的机遇与挑战并存：市场需求不断扩大，评估行业已从单纯的服务国有经济扩大到服务各类所有制经济，民营、外资经济

---

　　* 郑慧娟，博士，副研究员，工作单位为广东财经大学财政税务学院资产评估系。

等市场内生的评估需求增长势头强劲；服务链条不断延伸，从单纯企业改制、并购重组、担保融资、资产涉诉，扩展到海外并购、会计核算、证券基金评估等核心估值业务，并向尽职调查、投资后评价、企业内部控评价、资产配置、资产证券化等非估值类业务延伸，从服务企业向服务政府决策和社会治理等管理咨询类业务延伸，如财政资金绩效评价、税基评估、PPP 项目评估等；业务领域不断拓展，从服务传统产业，扩大到金融、文化、知识产权、互联网等新兴产业，以及森林资源、水资源、生态资源、碳排放权等新兴领域。

由此看来，行业对资产评估专业人才的需求正从单一专业型向多重复合型转变。对专业知识的涉及范围较广，对从业人员的知识结构要求较高，不仅需要具有专业的资产评估知识，还需要掌握经济学、会计学、法学、审计学以及理工科等方面的知识。

所以，基于社会岗位对人才能力需求的要求，高校应该在对资产评估学科性质进行准确定位的基础上，结合学校特色、自身师资优势、地方特点，明确人才培养目标，在优先培养的专业能力方面有所侧重。

《资产评估法》相关条款分析

2016 年 7 月 2 日，《中华人民共和国资产评估法》经十二届全国人大常委会第二十一次会议审议通过，自 2016 年 12 月 1 日起施行，标志着我国资产评估行业进入了依法治理的新时代。《资产评估法》总共八章、五十五条，分别对评估专业人员、评估机构、评估程序、行业协会、监督管理与法律责任进行法律上的规定解释，以及权利责任的认定划分。其中有不少条例会对资产评估专业教育产生直接或间接的重大影响，主要体现在评估业务的执业门槛降低、评估师职业资格考试门槛降低和评估师可能的专业化要求三个方面。

1. 评估业务的执业门槛降低

《资产评估法》出台以前，依据《资产评估准则》《房地产估价规范》，以及《土地估价规程》，资产类评估报告和不动产类评估（估价）报告必须由两名以上对应专业类别评估师签字，未取得评估师资格或虽具有评估师资格但未登记（注册）也不具有签署评估报告的权利。

《资产评估法》充分考虑了评估市场需求多元化和评估行业未来发展趋势，审慎权衡了评估各方当事人的合法权益，将评估业务区分为法定评估业务与非法定评估业务两大类，并规定在执行评估业务环节，非法定评估业务不强制要求两名以上评估师签名，而是允许评估专业人员签名并加盖评估机构印章。

《资产评估法》在第八条、第九条的规定中提出了评估专业人员概念，即资产评估专业人员除评估师外还包括具有评估专业知识及实践经验的评估从业人员，这意味着资格考试不再是从事评估业务的唯一通道，相应地降低了评估专业人员执业门槛。

上述规定在激发评估从业人员专业活力的同时，也加剧了资产评估专业毕业生与其他财会类专业毕业生的竞争。这就对资产评估专业课程建设提出更高的要求，为资产评估专业建设带来挑战（俞明轩，2014）。

2. 评估师职业资格考试门槛降低

《资产评估法》在资产评估师职业资格考试方面提出了新的规定。资产评估师考试资格方面，原规定最低门槛是取得管理学、经济学、理学、工学学科门类专业的大学专科学历，工作满 5 年，从事资产评估相关专业工作满 3 年。《资产评估法》第九条规定，具有高等院校专科以上学历的公民可以参加评估师资格全国统一考试。这就大大放宽了评估师报考条件。根据上述规定，中国资产评估协会正在积极推进资产评估师职业资格考试改革，包括取消工作年限的规定。

相关规定的落实将有利于拓宽评估行业人才资源，吸引更多有能力的相关专业人才进入评估行业，但也为资产评估本科层次教育如何在各层次、各专业教育竞争中凸显自身优势提出了新的要求。同时，取消毕业后工作年限规定意味着大学本科或者大专毕业当年即可报考，有利于评估行业留住资产评估专业毕业生，同时对在校专业学习起到一定的导向作用。

3. 资产评估师专业化问题

评估专业服务范围广、领域宽、学科跨度大，评估机构所需专业人才差异性很大。为满足国家经济体制改革和评估行业不断发展的需要，《资产评估法》第八条提出：国家可以根据经济社会发展需要确定评估师专业类别。该规定为未来评估师专业化改革和创新预留了空间（张静静、李小荣，2016）。

目前，中国资产评估协会正在进行的资产评估师职业资格考试改革中，拟将现在的《资产评估》《财务会计》《经济法》《机电设备评估》和《建筑工程评估》五个考试科目，调整为《资产评估基础》《资产评估相关知识》《资产评估实务（一）》《资产评估实务（二）》四个考试科目。新科目总体分为基础知识和评估实务两大类。基础知识的考查内容主要包括参与评估业务所必需的评估知识；专业知识的考查则以具体的评估实务为主，如分为企业价值、机器设备、不动产、无形资产评估等多个专业类别。

未来评估师职业资格改革方向可能进一步明确专业方向，例如采用A＋X的方式，A代表公共科目，X代表专业类别科目，由国家根据经济社会发展需要确定。或者进一步将资产评估师分为企业价值、不动产以及无形资产等专业类别评估师，以改变目前"万能评估师"的弊端，有利于提升资产评估行业的专业素质，也有利于选拔更加专业的评估人才。资产评估师专业化趋势，也为资产评估专业课程建设如何合理安排基础课与专业课提出新的要求。

资产评估本科专业课程设置现状与问题

与多数财经类专业比较，我国资产评估本科专业发展历程较短，目前在专业课程建设中仍存在种种问题。

1. 学科定位问题

我国自2004年开设资产评估本科专业以来，由于资产评估专业跨度大，所需学习的知识领域广泛，对需要的专业技能要求高，加之资产评估专业所设置的学校和二级学院各不相同，因此，对于资产评估专业的学科属性，国内高校一直未能形成统一的认识。代表性的观点有三种：第一种观点认为，由于资产评估学的很多理论依据均为经济学基本原理，所以，资产评估学科应被视为经济学分支。例如，姜楠（2014）将资产评估定位为技术经济学。第二种观点认为，资产评估起源于国有资产管理的需要，并与会计学、财务管理有着千丝万缕的联系，故而将资产评估划归为管理学范畴。例如，张彩英等（2013）认为资产评估学科应该按照管理学科属性特点设置课程体系。第三种观点认为，资产评估包括了企业价值评估、无形资产评估、机器设备评估、房地产评估、珠宝评估等若干个专业方向，是属于经济学、管理学、工学、法学等学科的交叉复合学科。例如，汪海粟等（2012）就强调其多学科交叉性的特点。

对学科属性认识不足，导致课程设置缺乏主次，就业导向不明。由此出现三个主要的倾向：一是不论是财经类院校、综合性大学还是工科类院校，都侧重于资产评估基本原理的教学，人才培养趋同，海外并购、私募基金评估等高端业务所需师资以及相应课程缺乏；二是大多数的财经类院校由于缺乏房地产评估、机器设备评估等涉及工学基础的相关师资，相关课程开设难度较大，导致资产评估教学偏会计、审计类知识，对于评估行业要求的复合型人才来说，理工方面成为短板，对就业产生一定的影响；三是难以解决财政资金绩效评价、PPP项目评价、互联网、文化产业、森林资源等新兴业务需求与师资不足的矛盾。不同类型的新兴业务之间知识跨度大，虽有发展前景，但是无论从业务总量还是从营业收入来看仍然属于小众业务，为每个方向招聘专职教师的必要性和可行性都较小。但是，如果不及时将新兴业务相关课程考虑在教学计划中，则会导致学生的知识体系不够完整，使其所具备的职业能力落后于市场对人才的需求。

2. 基础课与专业课的关系问题

资产评估专业的核心培养目标是培养基础知识扎实，又具有优异的专业技能的应用型、复合型人才。由于目前高校的课程设置中，基础课与专业课的学分有限，考虑到资产评估所需知识的基础性与综合性之间的矛盾，需要恰当处理基础课与专业课的关系。

资产评估基础课除了高等数学、宏微观经济学、管理学之外，还有会计、金融、经济法学等；专业课包括机电设备评估基础、建筑评估基础、无形资产评估、企业价值评估等课程。构建资产评估课程体系，处理好基础课与专业课之间的关系，前提是明确学科定位和培养目标。如前所述，资产评估知识体系虽然跨越经、管、工等多个学科，业务类型也具有多样性，但是本科阶段的学科基础仍然是财务会计学科体系，基础课应该以财务会计相关课程为主体。资产评估专业高等教育的前提是构建坚实的基础知识教育平台，最大限度拓宽学生的知识面，掌握基础课程为后续课程的学习做好铺垫。在目前高校专业设置本来就有过分细化倾向的现状下，如果片面强调专业课，忽略了主要的学科基础知识的学习，或者在基础课程开设方面不成体系，课程之间缺乏内在联系，由于学生自己整合知识的能力有限，将导致所培养的学生既缺乏扎实的财会基础知识，专业课学习又缺乏工科知识基础和实践经验，最终处于什么都知道、却都不专业的尴尬境况。

3. 专业必修课与选修课的关系问题

合理安排专业必修课与选修课是培养专业化评估人才的关键环节。由于高校存在对评估实务了解不全面、对行业人才需求情况了解不足、评估专业师资缺乏等问题，专业课课程体系设置存在诸多问题，如专业课与资产评估概论部分内容重复，教学内容与实务脱节等；选修课也存在课程设置目标不明确，课程设置不够精，未体现出与专业必修课之间的互补性，进而未能在企业价值、机器设备、不动产、无形资产评估等多个专业类别方面形成特色，未能就一些难以开设必修课的小众评估业务开设课程等问题，导致该开设的课程未开设，已开设的课程目标不明、效果欠佳。

4. 专业课与实践教学的关系问题

资产评估是一个对实践操作能力要求较高的行业。目前高校对学生实践能力的培养都比较重视，积极通过开设实验教学课程、与校外建立实习基地、引进校外导师讲授课程等方式构建实践教学体系。但是，校内开展实践教学存在案例缺乏、教学环境有限、教师经验不足都问题。案例教学要求案例要有一定数量，要能体现实际工作中的多种情况，并有很好的模拟性，每个案例的内容要完整，评估要素描述要充分。案例的模拟性不好，案例中的评估要素不完善、不明确，都会影响实验教学的效果。结果是知识碎片化，学生很难形成一个系统的思路，教学效果也不理想。案例库建设是耗时耗力的工作，教师进行案例收集和信息修改需花费大量时间，而目前高校的考评体系缺乏对案例成果的激励。引进校外导师授课方面，由于校外导师的素质参差不齐，如果对于授课人员安排、授课内容缺乏统一规划，教学效果则难以保证。

5. 评估师职业资格考试相关问题

目前高校在课程设置、教材选择与教学内容方面，与资产评估师职业资格考试未能实现较好的衔接。原因有两个方面：一是由于目前资产评估师职业资格考试对于工作年限的要求，使学生缺乏围绕资产评估师考试科目学习和复习的兴趣；二是在专业课教学环节，由于资产评估师考试内容繁杂，缺乏既适合未来职业资格考试又适合教学的教材。

对策建议

解决上述种种问题，关键在于结合专业背景合理确定学科定位，并处理好基础课与专业课、专业课与选修课、专业课与实践教学、考证与课程教学的关系。

1. 结合专业背景合理确定学科定位

厘清资产评估学科属性和学科知识结构是人才培养的基础。对学科属性的认识，经济学、管理学以及多学科交叉学科的观点各有侧重；从课程建设的角度，则需根据所依托的专业背景，根据本校的教学优势和教学特点，明确本校的专业定位。一般来讲，财经类院校开办的资产评估本科层次定位于管理学，专硕以及博士层次定位于经济学是比较合理的。工科院校资产评估专业可定位于侧重于某资产类型的多学科交叉复合专业。

从学科知识结构来看，资产评估的最初设立目的是为会计人员提供计价的依据，因此资产评估与会计具有不可分割的内在联系。随着经济的发展，资产评估虽已从会计行业脱离成为独立的分支，但会计仍在评估结果与评估依据中起基础作用。所以，与财务管理、审计等专业一样，资产评估专业本质上属于会计学科的重要分支。

因此，各高校本科资产评估专业的课程体系建设则应在相应的学科定位基础上，构建以会计学相关课程为核心，经、管、工交融，理论与实践兼顾的课程体系。

2. 基础课与专业课的关系

宏观经济学、微观经济学、管理学、会计学等基础课程注重学生的宽度教育，专业核心课程则注重学生的深度教育。专业核心课程是资产评估专业教学计划中的核心部分，也是资产评估专业进行专业实践学习的基础。资产评估核心课程主要包括：财务会计、资产评估原理、审计学、机电设备评估、建筑工程评估、无形资产评估和企业价值评估等。

基础课的设置应遵循"加强基础教学，拓宽专业口径，突出专业课程，增强实践能力"的原则。专业课设置应突出专业性，精简课程，考虑按照资产评估业务的比重开设课程，安排学分和课时；也可以结合本校特色与优势，科学合理地设置专业课程。比如，一些高校在建筑工程方面有经验或者师资较强，可以把建筑工程评估以及房地产评估作为本校建设资产评估专业的核心教学内容；财经类高校可以借助会计金融方面的教学优势，将企业价值评估作为本校的核心课程。

3. 专业课与选修课的关系

专业选修课首先应明确开设目的，设置的目的是促进学生的专业特长和兴趣爱好得到发挥，既提升专业能力，又满足不同学生对知识的不同需要。应按照以下原则设置：一是依据学生兴趣爱好，开设文理交叉选修的基础课程，引导学生通过选修课构建合理的知识结构。如工程经济学、互联网经济学、知识产权、珠宝玉石鉴定等。二是在未来评估师职业资格专业化的趋势下，应该在选修课设置方面体现出专业化要求，即以培养方向设置系列课程，在专业必修课基础上进一步深化。如房地产评估方向宜设置：建筑工程概论、房地产制度与政策、房地产开发与经营等课程；企业价值评估方向设置财务报表分析、股份经济学、高级财务会计、企业价值评估案例等课程。三是根据社会需要做弹性调整的、开放的课程体系，如设置资产评估实践前沿讲座等。

专业选修课的教学中还应注意体现灵活性、趣味性、新颖性、有特色。因此，可以考虑以实务、案例或者专题为主要方向，围绕新兴业务展开前沿知识专题讲座，并且充分利用校内外教师资源，开设特色选修课。

为了保证较好的教学效果，在课程开设的时间安排方面，可以将专业课更多集中于大三第一学期开设，选修课根据与专业课的关系相应安排在大三第一学期或者第二学期开设。

4. 专业课与实践教学的关系

资产评估是一个综合性强、专业性高的服务活动，专业教育必须立足于社会实践。按照从专业到综合、从教师主导到学生自主的顺序依次推进的原则，资产专业实践教学体系可以进行如下设置（见表1）。

表1　　　　　　　　　　　　资产评估实验课程体系建设

实验课类型	具体课程安排
专业课实验	会计学实验
	房地产评估实验
	机电设备评估实验
	企业价值评估实验
资产评估综合案例	资产评估案例课
资产评估综合实验	资产评估综合模拟实验课
校外综合实验	资产评估机构实习
创新与竞赛	资产评估创新创业竞赛，知识竞赛

在实验课教学时间和内容安排方面，专业实验课中会计学可以单独作为一门课程，房地产评估、机电设备评估、企业价值评估可以在专业课教学过程中以案例教学的方式开展；资产评估案例课、资产评估综合实验课

在专业课学习结束后单独开课，由校外导师主讲；资产评估机构实习可以是大三寒暑假期间的短期实习，也可以是大四的毕业实习。

在高校目前的实践教学过程中，需重点解决案例缺乏、校外导师教学内容缺乏统一规划的问题。案例库建设是耗时耗力的工作，应针对资产评估这种实践性强的专业，在教师的考评体系中增加对案例成果的激励措施；参考 MBA 案例库建设体系，建设统一规范的案例平台。需加强与校外导师的深入交流，了解其专业特长以及时间安排，在此基础上合理安排实践教学或者案例教学计划，充分发挥校外导师的实务特长，调动其授课积极性。

5. 考证与课程教学的关系

在中国资产评估协会积极推进资产评估师职业资格考试之际，如果有望实现学生毕业即考证，为了帮助学生充分利用在校时间复习准备，为资产评估行业留住人才，同时也基于提高学生就业能力的考虑，高校教学有必要提前规划，针对资产评估职业岗位进行分析，参照职业资格考试科目的要求，尽可能地将职业资格考试要求融合于课程建设中，全面、系统地构建"课证融合"的课程体系。可以针对大三、大四学生开设资产评估师考证班，利用周末、节假日授课；加强教材建设，开发出既适合教学又与考试内容相衔接的教材；鼓励教师研究资产评估师考试大纲要求，参考考试大纲安排专业课教学内容。

参考文献

［1］姜楠：《关于资产评估学科与资产评估专业定位的思考》，载于《中国资产评估》2014 年第 5 期。

［2］俞明轩：《资产评估法的五大制度创新》，载于《中国经济报告》2016 年第 9 期。

［3］汪海粟、余炳文：《资产评估专业学科知识结构的思考》，载于《中国资产评估》2012 年第 4 期。

［4］张彩英、王海春、郭松：《资产评估学科发展的重要性分析》，载于《中国乡镇企业会计》2013 年第 9 期。

［5］张国春：《〈资产评估法〉的十大突出亮点》，载于《财务与会计》2016年第16期。

［6］张静静、李小荣：《关于〈中华人民共和国资产评估法〉若干问题的思考》，载于《中国资产评估》2016年第11期。

资产评估机构参与财政支出项目绩效评价的可行性研究

刘淑琴[*]

　　财政支出项目绩效评价是我国现阶段财政绩效评价工作的重点。财政部于 2011 年 4 月 1 日出台的《财政支出绩效评价暂行办法》第八条明确规定：财政绩效评价应当以项目支出为重点，重点评价一定金额以上、与本部门职能密切相关、具有明显社会影响和经济影响的项目。随着财政支出项目绩效评价工作的广泛开展，由谁去做绩效评价工作，谁能更好地进行绩效评价工作，是目前政府要解决的重要问题。资产评估参与财政支出项目绩效评价，是资产评估服务财政改革的可靠途径和主要渠道，也是资产评估行业开发的又一新型市场。

资产评估与财政支出项目绩效评价的内在关联性分析

　　资产评估是指通过对资产某一时点价值的估算确定资产价值的经济活动，其主要功能是评价和评值。财政支出项目绩效评价是指财政部门和预算部门（单位）根据设定的绩效目标，运用科学、合理的绩效评价指标、评价标准和评价方法，对财政支出（项目支出）的经济性、效率性和效益性进行客观、公正的评价。资产评估与财政支出项目绩效评价之间具有天然的内在联系。

＊　刘淑琴，副教授，工作单位为山西财政税务专科学校。

（1）学科相近。

评价与评估具有词源相同、含义相近、对象相交等属性，评估即评价和估量，是对方案进行评估和论证，以决定是否采纳。评价是一个综合计算、观察和咨询等方法的复合分析过程，财政支出项目绩效评价是对该资产进行科学、客观、公正的衡量比较和综合评判。

（2）功能吻合。

资产评估具有发现价值、确认价值的功能，被誉为"红色评估、经济卫士"；财政支出项目绩效评价的一项重要功能是防止浪费和腐败的发生，这也正是资产评估的核心所在。它们在加强财政管理、防止国有资产流失、保护国家财产、反腐倡廉等方面发挥了重要作用。

（3）资产评估与财政支出项目绩效评价的原则具有一致性。

资产评估原则是规范资产评估行为和业务的准则，包括独立性、客观公正、科学等工作原则和预期收益、供求、替代、贡献、评估时点等经济原则。绩效评价原则是规范财政支出行为的准则，包括基本的"3E"原则和新的公平性、适当性和回应性原则。二者在原则方面具有共同的地方，都要求公平性、公正性，实现经济性、效率性、效果性的有机结合和完美统一是资产评估和绩效评价的根本目的和内在关系。

（4）资产评估与财政支出项目绩效评价在常用方法上相拟合。

财政支出绩效评价实质上是一定时期内对投入产出比进行的评价，也就是对财政支出项目形成资产的一种评估，需要对投资项目按收益法、成本法或市场法进行评估，以评估价值来确定其未来价值，为财政是否值得投资提供参考。成本法、收益法、市场法是资产评估常用的三种方法，所以资产评估与绩效评价方法都是确定财政支出结果（资产）价值的理论方法体系。

（5）资产评估与财政支出项目绩效评价的评价思路具有一致性。

财政支出项目绩效评价主要是对财政支出的经济性、效率性和效益性进行客观、公正的评价，资产评估作为发现和衡量价值的一种科学方法，得出的主要成果虽在形式上表现为资产的价格，但实质上是对资产主体拥有或控制的物质实体上的经济权益大小的衡量，这一点恰恰是绩效评价的本质目的。资产评估的工作重点与财政支出绩效评价的工作在本质上和评价思路上是一致的。在一定意义上讲，财政支出项目绩效评价就是一种特定的资产评估。

财政支出项目绩效评价工作对机构和人员的要求

1. 财政支出项目绩效评价工作特点

财政支出项目绩效评价作为财政支出绩效管理中不可缺少的重要环节，其核心是强调公共支出管理中的目标与结果及其结果有效性的关系，关注点是生产公共服务的效率，即单位成本所生产的公共服务的数量和质量。所以，财政支出项目绩效评价工作具有以下特点。

（1）政策性强。

在社会主义市场经济中，财政支出项目更具有公共性，主要目的是解决市场无法解决的社会问题，如社会保障、环境保护、大江大河治理等。这些项目的投资、建设和管理有其明确的目标，而反映这些确定目标的就是一定的政策规定。财政支出项目是否严格执行各项政策，便成为财政支出项目绩效评价的重要任务。

（2）专业技术性强。

财政支出项目涉及全社会各个领域，项目类型繁多、专业技术性较强。很多新兴边缘化项目尚无成熟规范的技术标准，技术争议问题突出，专业技术对财政支出项目绩效评价影响较大，成为影响财政支出项目绩效评价的关键因素。

（3）涉及面广且呈多样性。

财政支出类别多，内容烦琐，涉及经济建设、社会发展、国防安全、外交事务、行政司法、科教文卫等众多领域。由于财政支出项目范围广泛，具有不同层次、不同领域、不同支出性质评价的复杂性。如何采取一种比较准确的办法，来对财政支出项目绩效进行衡量，是财政支出项目绩效评价中的核心问题和主要难点。

财政支出项目对象的广泛性、差异性决定了其绩效的表现具有多样性特征，财政支出项目绩效评价既有可以用货币衡量的经济效益，还有更多的无法用货币衡量的社会效益，而且不同的项目有不同的长短期效益、直接效益和间接效益、整体效益和局部效益等。要对财政支出进行客观、公正的评价，就必须对上述因素进行全面衡量，从多种效益的相互结合中得出达到社会福利最大化的综合绩效评价结果。同时，由于不同类别的支出具有特定的功能，所追求的效益也有所侧重，因此，评价时在全面衡量各种效益的基础上，也要充分考虑不同类别支出所产生的效益的特殊性。

（4）现实性和公正性。

财政支出项目绩效评价是对已发生的客观事实进行客观分析和揭示，是客观再现事实真相的过程，揭示者对评价质量要求的核心是实事求是。所以，财政支出项目绩效评价是对财政支出项目客观事实的揭示者，具有现实性特征。

财政支出项目绩效评价是对政府投资成效的评判。建设单位是代表国家在用财政资金建项目，评价是代表国家对使用国家资金的建设管理者工作成效做出评判，评判者对评审质量要求的核心是客观公正，财政支出项目绩效评价应具有公正性。

2. 财政支出项目绩效评价工作对机构和人员的要求

财政支出项目绩效评价所具有的特点，使在开展绩效评价工作的过程中对机构和人员的各方面要求都较高。主要要求包括：

（1）有合理的多元化知识结构。

财政支出项目绩效评价工作涉及面广、呈多样化等特点，要求从事绩效评价的机构和人员要有合理的多元化的知识结构和完备的学科知识。资产评估执业人员知识结构的多元化与财政支出绩效评价对象的多样性相符，能更好地适应财政支出项目绩效评价较复杂的特点。

（2）能设置、补充和完善绩效指标。

对于尚未设定绩效评价指标的支出，这一阶段的任务是设定评价指标。对于已经设定绩效评价指标的支出，根据实际和公共价值的一般标准，对绩效目标指标进行补充和完善。在财政支出项目绩效评价中，文件制度中只列示那些与财政支出项目有关的重要绩效目标指标，而不必列示所有的绩效目标指标。如果列示所有的绩效目标指标，政府的预算报告会过于复杂，而且这些指标带有专业性，局外人很难看懂。因此，通常只要求列示重要的指标。

进入绩效评价阶段，我们不仅要考察其主要指标的完成情况，还必须全面地了解其绩效，不仅是当期的绩效，还应当将可持续发展能力列入绩效评价，以防止其短期化。因此，补充、完善指标体系是其中很重要的工作。

（3）能设定绩效评价目标和统一评价标准，确定各指标的分值。

财政支出项目绩效评价的一项重要任务是事先设定各项指标应当达到的目标及相应的权数。确定各指标权数的依据是重要性原则。这就是说，凡是重要的指标，其权数就高，而次要指标的权数较低。统一评价标准是指按各项指标完成的目标要求确定的评分标准。这是一项要求细密、难度大、技术含量高的复杂工作。

（4）撰写质量高的评价报告。

评价报告是评价工作的综合体现，是专家组对项目结果所作的正式书面结论，是为政府领导或管理者决策服务的。绩效评价的最终目的是加强评价结果的应用，因此评价报告的质量尤为关键。

资产评估机构参与财政支出项目绩效评价的优势分析

资产评估机构是指运用专业优势，对市场主体的各类资产价值及相关事项，提供测算、鉴证、评价、调查和管理咨询等各种服务的现代服务业。目前，随着我国资产评估行业执业范围和服务领域的拓展、执业能力和监管水平的提高、社会影响力和国际话语权的增强，资产评估机构已成为市场经济发展中不可或缺的重要力量。在财政支出项目绩效评价中，资产评估机构比会计、审计及其他中介机构更具有可行性和优势。

1. 资产评估机构参与财政支出项目绩效评价内在优势分析

资产评估历经近30年的发展，已经在行业建设、业务规范和执业能力方面有了很大的发展，凭借其内在的经济价值、社会价值、政治价值的发挥，在社会经济活动中具有重要地位，已成为一个重要的社会中介服务行业。

（1）资产评估知识结构优势分析。

第一，资产评估是一门综合性的学科。资产评估是一门独立的、与其他学科相联系的综合学科，它与建筑专业、机械专业、珠宝专业、地质专业、经济专业、法律专业、管理专业、会计专业、审计专业、财务管理专业等密切联系，缺乏其中的任何一门专业知识，资产评估工作都难以做好，都会影响评估质量。因此，资产评估作为一门学科，融合了社会科学、自然科学、工程技术等学科的知识要素，既借鉴了经济学的基础理论，又应用了财务管理的方法；资产评估在会计资料的基础上，以现行的法律、法规为依据，与建筑专业、机械专业等相结合，形成了自己的理论基础。

第二，资产评估方法体系是由多种具体资产评估方法构成的。按适用条件和技术路线的不同可归纳为三种基本方法：市场法、收益法和成本法。它是在工程技术、统计、财务管理、会计等学科的技术方法的基础上，结合自身特点形成的一整套定性与定量相结合的理论分析及应用的评估方法体系。这些方法同样适用于财政支出项目绩效评价指标、结果的确定。

第三，资产评估师具有完整性的多元化知识结构。因为资产评估工作的专业特性，要求从事资产评估的人员必须是具有优良品德、丰富知识，通工（建筑工程评估、机电设备评估）、经（财务会计）、管（资产评估）、法（经济法）的高素质专门人才。资产评估机构必须拥有一支由多学科知识的专家组成的资产评估专业队伍。这支专业队伍的成员必须具有良好的教育背景、专业知识和丰富的经验，这是确保资产评估方法正确、评估结果公正的技术基础。

（2）资产评估专业优势分析。

资产评估的专业性原则，要求评估机构必须是提供资产评估服务的专业技术机构。资产评估是一种独立的专业评估，它遵循市场定价规律所形成的评估准则，模拟市场，根据产权内在的各种价值属性，采取专业技术手段、参数和公认技术，得出与市场公平交易相适应的市场价值，很好地完成了市场价值尺度的功能。

（3）资产评估行业优势分析。

第一，国家对资产评估机构参与财政支出项目绩效评价高度重视和支持。其一，国家出台了一系列支持资产评估等服务业发展的产业政策，已出台《评估法》草案，通过立法层面规范、推动资产评估行业健康、科学、和谐发展。其二，财政部出台了一系列推动资产评估行业改革和发展的政策措施，指导推动资产评估行业发展，为资产评估机构参与财政支出项目绩效评价提供有力支持。如，《财政支出绩效评价管理暂行办法》，明确了资产评估中介机构参与财政支出绩效评价的合法身份；财政部印发的《中国资产评估行业发展规划》，明确要求资产评估机构参与财政支出项目绩效评价。其三，中国资产评估协会扶持拓展评估行业发展。2013 年，中国资产评估协会对资产评估市场业务类型进行全面梳理并发布《资产评估行业市场开拓路线指引（2013 年）》，为开拓创新市场领域提供了新的思路与途径；2014 年 4 月 30 日，中国资产评估协会发布了《财政支出（项目支出）绩效评价操作指引（试行)》，强调了评估机构参与绩效评价的专业性。

第二，资产评估行业形成了一支具有较高素质的资产评估人员和机构队伍，能够根据不同的财政支出项目绩效评价要求，客观、公正、优质地完成绩效评价任务。

第三，建立了行政管理和行业自律管理有机结合的行业管理体制，制定了比较系统有效的评估行业管理制度和比较完整的评估准则体系。

第四，积累了比较丰富的评估理论成果和管理实践经验，行业的实力不断增强，凝聚力不断增加，国内外的影响力不断扩大。中国的资产评估行业已成为世界资产评估领域中重要的组成部分。

（4）资产评估与绩效评价之间具有内在关联优势。

财政支出项目绩效评价与资产评估具有的内在关联性，使资产评估更有利于提高财政支出项目绩效评价的质量，因为他们的工作更专业、成本更低、效率更高、客观性更强。

2. 资产评估与其他中介机构的比较

中介机构成为第三方参与绩效评价已经成为各界共识，但中介机构种类很多、纷繁复杂，实际绩效评价中，评估机构也并非第三方的唯一选择。为确保绩效评价的质量，应该明确最合适的中介机构参与绩效评价。从以下比较分析可知，评估机构本身专业的知识技能和侧重于评价产出、价值与效益的工作特点，都非常符合财政资金绩效评价的要求。

（1）资产评估机构比会计机构更适合财政支出项目绩效评价工作。

资产评估与会计工作虽是紧密相连、相辅相成，但它们在工作方法、方式上有各自的特点，是两个不同的中介机构。

第一，会计的职能决定了会计机构参与财政支出绩效评价有不足之处。财政支出项目绩效评价涉及财政资产的经济效益和社会效益，财政支出形成的资产的价值是一个变量，而不是财政支出投资成本的累加。会计机构运用会计核算方法对财政支出形成的资产绩效进行评价，只能是支出成本的累加，不符合绩效评价要求，显然不足，所以，会计的职能决定了会计机构不适宜做财政支出绩效评价工作。而资产评估比会计更适合财政支出项目绩效评价工作，原因在于：一是资产评估能提供市场价格水平的价值尺度；二是资产评估可为财政支出项目绩效评价提供多种属性的价值信息；三是资产评估较会计重视资产的贡献性和强调资产的整体效益，比会计核算更复杂，对人员素质要求更高，适合财政支出项目绩效评价工作。

第二，会计的计价方法不适宜财政支出项目绩效评价工作。在财政支出项目绩效评价过程中，支出项目的效益有的可以直接用定量化的指标和标准来计算衡量，如经济效益状况；有的则不能用定量指标和标准来衡量，如公众满意度。单纯采用定量或定性的方法进行绩效评价，势必影响评价结果的客观、公正性，因此财政支出绩效评价需要定量分析和定性分析的有机结合。客观性是资产评估与会计行业需共同遵循的计价原则。但会计计价反映的是过去发生的业务，其完全依据客观事实，具有唯一性；而资产评估结果建立在客观市场条件和充分事实基础之上，同时不排除评估人员在评估过程中的推理和逻辑判断及预测，其依据具有推理性和判断性。综合来看，资产评估的计价原则、计价方法更符合财政支出绩效评价全面性与特殊性相结合原则、统一性和差异性相结合原则、定性与定量相结合原则的要求。

（2）资产评估机构比审计机构更具有优势参与财政支出项目绩效评价。

绩效审计是经济审计、效率审计和效果审计的合称。绩效审计要以资金量使用的大小和以财政支出项目对社会经济发展的影响力来考虑。这似乎和绩效评价相一致，但绩效审计在财政支出项目绩效评价中却力不从心：一是财政支出效益的滞后性使审计评价经常处于总结经验教训中，使绩效审计工作成为一种"马后炮"形式；二是财政支出效益的间接性和综合性不利于审计评价范围的确定以及相关审计证据的获取，使绩效审计工作难以进行；三是财政支出效益的持续性所带来的不可预见性与审计"以事实为依据"的理念明显冲突，使绩效审计工作无法进行；四是财政支出效益的政策性决定了审计评价内容不能仅局限于经济层面。

由于绩效审计存在的这些局限，对财政支出项目的绩效审计代替不了评价。而资产评估所确定的价值一般能真实地反映单位资本保全状态，能够从计量单位与计量属性两方面完善会计的配比原则，真实反映单位的价值，能够合理反映单位的资产状况，更有效地提供财政支出相关财务信息。

中介机构成为第三方参与绩效评价已经成为各界共识，作为财政工作的延伸，审计、会计与评估机构具有绩效评价所需的条件，但会计机构与审计机构较难实现财政支出项目绩效评价的目的。通过比较，资产评估机构比会计、审计机构更适合财政支出项目绩效评价工作。

3. 资产评估机构适合开展财政支出项目绩效评价工作

资产评估机构的特点和优势都有利于财政支出项目绩效评价工作的开展，恰能满足绩效评价的要求，在工作实践中，资产评估机构逐渐成为参与绩效评价工作的重要社会力量，是参与绩效评价最合适的首选中介机构。

（1）资产评估人员知识结构的多元化与财政支出绩效评价对象的多样性相符，适应评价需要。

由于财政支出范围广泛，支出对象层次复杂差异大，支出效益多样性，决定了财政支出项目绩效评价是一项复杂的综合性系统工程，需要有强大的专业团队协作支撑。评估机构凭借丰富的评估经验、多元化的知识结构、合理的人员配置及科学的评估方法，可以满足不同类型财政支出项目绩效评价的要求，适应评价需要。

（2）资产评估机构的专业独立性可以满足财政支出项目绩效评价专业性强的要求。

资产评估是一种专业活动，从事评估业务的机构由一定数量和不同类型的专家和专业人士组成。一方面，这些资产评估机构形成专业分工，使评估活动专业化；另一方面，评估机构及其评估人员对资产价值的估计判断，都建立在专业技术知识和经验的基础上。所以，资产评估所得出的价值是按照一定准则和程序所揭示的现实价值，是一种专业判断。

资产评估通过合理定价、价值发现、价值咨询等专业服务，为财政支出项目绩效评价的管理、运用、保护发挥专业尺度的作用。

（3）资产评估多学科的专业背景利于评价指标的合理制定。

由于财政支出范围广泛，资金使用后的绩效又呈多样性的表现特点，使绩效评价工作中需要应用多种行业的专业知识、专业技术的指导，而资产评估行业具有多学科、多专业的行业特点。绩效评价指标涉及国家政策、产业政策等，制定过程中不仅需要政府工作人员，也需要多学科、多专业的专家共同确定，资产评估师在个性指标的制定上能够充分发挥资产评估行业多专业的优势，使评价指标各项原则得以准确体现。财政支出项目绩效评价，在评价方案的制定、现场勘察工作和评价报告的撰写上都是专业性很强的工作。在评价方案的制定上和现场勘察中，资产评估多专业的学科背景可以保证评价指标的合理性，丰富的组织经验可以保证方案的可操作性和更好的评价资金的使用效益。

（4）资产评估人员丰富的组织经验利于评价方案操作。

资产评估行业在项目执行过程中涉及的部门关系较多，长期的评估实践培养了评估师较强的组织协调及人际沟通能力和经验，可根据项目的多寡、难易程度、时间要求、质量要求等，合理安排人员、把握工作进度、控制质量风险，保证评价方案职责明确、组织有效，操作性强。

（5）资产评估较强的综合分析、判断能力利于问题的发现。

资产评估跨行业、多结构的专业知识，对政策的长期关注和学习，丰富的技术应用能力，在宏观上可以准确把握绩效管理与政策上存在的差距；在微观上可以发现财政支出过程、产出和绩效方面存在的问题，总结归纳财政支出中好的经验和存在的教训，有的放矢提出合理的建议和解决方案。资产评估较强的综合分析和判断能力也能在评价报告中准确揭示绩效评价中存在的问题及原因。社会已把评估师定位于不是普通的中介专业服务，而是反腐倡廉的整个社会机制中的一个重要有机组成部分的专业环节。

四、结论

综上所述，财政支出项目绩效评价工作需要资产评估机构的参与，积极参与财政支出项目绩效评价是评估机构自身发展的需要，资产评估机构比会计、审计机构更有优势参与财政支出项目绩效评价，是参与财政支出项目绩效评价的首选中介机构。随着我国财政支出项目绩效评价工作制度的确立和发展，评估机构作为专业机构，利用专业知识，凭借多年经验，充分发挥其独立、客观发表意见的职业特性，凭借资产评估活动内在的经济价值、社会价值、政治价值的发挥，为财政支出项目绩效评价提供更深层次的信息分析结果和更为科学的决策参考意见，评估机构必将成为我国财政支出项目绩效评价的主要生力军，为财政支出项目绩效评价的有序健康发展做出重大贡献。

参考文献

[1] 汤淮：《发挥资产评估专业优势客观评价财政支出绩效》，载于《中国资产评估》2012 年第 9 期。

[2] 俞华开、柴山：《资产评估机构开展预算支出绩效评价业务的探讨》，载于《中国资产评估》2012 年第 10 期。

[3] 刘淑琴、刘天婵：《资产评估在财政支出绩效评价中的优势分

析》，载于《山西财政税务专科学校学报》2013年第5期。

[4] 曹邑平：《山西资产评估服务财政绩效评价的思考》，载于《山西财税》2013年第10期。

[5] 杨伟暾，赵仕坤：《发挥资产评估专业优势助力财政支出绩效评价》，载于《中国资产评估》2014年第7期。

"产教融合"背景下资产评估专业本科实践教学探讨

颜咏华*

随着我国社会经济的发展，资产评估作为一种专业化要素市场的中介行业，发挥着越来越重要的作用。资产评估是一个年轻而又有前途的专业，培养的人才不仅需要掌握综合深厚的理论知识，还要具有过硬的实操能力。资产评估作为实践性要求很高的应用型学科，人才的培养更应该重视"产教融合"，促进高校和企业的协同育人。本文结合当前资产评估专业本科实践教学体系的构建情况，探讨资产评估专业"产教融"发展的实践路径。

资产评估专业"产教融"发展的重要性与紧迫性

资产评估专业的属性要求人才培养必须走产教融合的路径。资产评估是实践性较强的行业，这一特点也决定了资产评估从业人员在掌握一定理论知识的基础上，还需到实践部门做二次提升。全国各高校的资产评估专业应将实践教学体系的改革作为突破口，构建有效的产教融合的资产评估实践教学模式，加深学生对资产评估工作的感性认识，提高学生的实际操作能力，以期培养出既有扎实的理论知识，又具备过硬实际操作能力的具有竞争力和独特个性的高素质资产评估专业人才。

---

* 颜咏华，讲师，工作单位为广东财经大学财政税务学院。

产教融合协同培养是实现企业人才对接的重要途径。人才的培养离不开实践单位的支持，同时也是实践单位培养和接收职员的重要途径。资产评估人才的培养是一个复杂长期的过程，学校教育很难使本科生一毕业便能完全担任资产评估工作，这也为资产评估公司选拔人才带来了某些难题。而为资产评估专业学生提供一个实践创新平台，不仅有利于行业对接人才的培养，更为资产评估公司选取潜在的员工创造了条件。资产评估公司可以通过实习期的考察，对满意的实习生优先签订合同，降低人才的搜寻成本及培养成本。

资产评估机构与高校是命运的共同体，通过产教融合促进彼此共同发展。随着社会经济的发展，新的资产评估业务领域在不断扩大，不仅对评估师的综合素质和执业能力提出了更高的要求，也对资产评估理论研究提出了新的挑战。当前我国资产评估行业人才的培养刚刚起步，资产评估从业人员年龄结构、知识结构等仍存在不少问题，难以适应评估行业及社会发展的需要。在面对新的资产评估业务领域时，由于缺乏相关资产评估基础理论的支持，相关评估工作很难有效的开展。面对理论研究的滞后，高校更应发挥其智库作用，为实际的评估工作提供理论研究与支持。资产评估行业的发展离不开资产评估机构与高校的合作，通过产教融合能促进双方的共同发展。

资产评估专业实践教学现状及问题

目前，大部分高校根据实践教学目的，构建"专业认识—课程同步实验—综合模拟实验—实习基地实习"四个层次的资产评估实践教学课程体系。资产评估实践教学课程体系贯穿于四年本科教育中，由浅入深、由表及里，但在具体的执行时仍面临诸多问题。

1. 校内实训缺乏仿真性

实践教学能够让学生体验专业理论的实用价值，为学生将来独立从事资产评估业务奠定基础，实验课程对于资产评估专业学生的学习和能力的培养具有重大意义。而我国由于资产评估专业发展时间还较短，实验课程的开发还存在很多不足。在硬件方面，大多高等院校缺乏综合性仿真实训室，学生难以在校园里近距离接触现实的资产评估业务。在软件方面，大多高校具有相关教学软件，大部分资产评估软件只是简单的模块堆砌，缺乏真实的资产评估流程和案例。缺乏专门的实验室和实验软件，使学校教育更偏重理论学习，通过做一些综合性习题或者案例分析来锻炼学生的分析能力，这种方式的教学效果显然不太理想。

2. 校外实习缺乏参与深度

各个高校不乏资产评估校外实习基地，但是很多仅停留于签订合作协议，校企合作不够深入、不够连贯。在合作的过程中，学校希望学生从企业中学习行业经验与实际操作能力，丰富实践教学环节，整体上完善专业人才培养；而企业更加看重高校的人才资源，根据自身企业情况，满足短期的对资产评估专业人才的需求。校企之间的互动机制和激励体系不够完善，影响双方持续深入的合作。

3. 缺乏师资队伍保障

目前在财经类高校从事资产评估教学的专业教师中具有实践经验的教师相对缺乏，这对于资产评估实践教学的开展十分不利。为保证实践教学效果，必须建立一支熟悉评估业务、教学能力强、具有创新精神、乐于教书育人的"双师型"资产评估实践教学队伍。

产教融合指导下资产评估专业实践教学探讨

1. 配备现代化模拟仿真设备，实行环境教学

考虑学校教育的系统性及实际情况，大部分实践教学仍需要在校内完成，因此有必要提升校内实践教学条件，如建立校内综合实训中心或校内仿真综合实验教学中心，通过模拟构建一个高度仿真的实践环境，让学生进入临战的工作环境中去，在虚拟环境中运用已经掌握的专业知识进行模

拟演练，熟悉资产评估业务的具体运作。在硬件方面，增加设备经费投入，配备现代化模拟仿真机器设备，建设专门的实验教学场地，为资产评估实验室，甚至全校综合仿真实验室创造一个良好的实践教学环境。在软件方面，加强与软件公司以及资产评估公司的合作，由其提供先进的实践教学所用的软件、技术服务和指导，并随软件的不断开发和升级及时更新。

2. 深化校企合作，实现产学对接

校企合作以企业需求为导向，为企业输送能够胜任资产评估工作的优秀人才。一方面，要重视发挥行业协会、资产评估公司等机构在课程体系构建中的作用，完善资产评估专业教学体系。按照资产评估公司所要求的基础理论知识、技术技能和行业标准，与资产评估公司、行业协会等机构共同制定人才培养目标和培养方案，共建专业核心能力课程，共同编制教学大纲，优化教学内容，编写精品教程，确保及时引进行业领域的新知识、新技能，实现教学内容和行业需求的有效衔接。另一方面，深化合作层次，加强校外实习基地的建设。资产评估专业建设应依托地方资产评估协会，建立以学校为主体，行业指导、企业参与的专业建设体制。在协会的指导下，与企业建立良好的关系，共建教学与生产合一的开放式实训基地，通过校企合作为学生搭建实习平台。强化教师的参与，提倡教师到资产评估公司等单位去锻炼，并参与到项目中来且对学生进行现场指导，提高学生实习的效率。通过对学生实习任务的安排和指导，让学生直接参与评估项目，深入核心业务以学到专业技能。

3. 推进师资共育，共建"产学研"合作机制

教师的教学水平和教学效果的优劣，对教学质量的高低起决定性作用。就实践教学而言，教师既要有良好的业务素质，又要有丰富的教学经验；既要具有专业理论知识，又要掌握专业实操技能。因此，必须打造一支理论与实践兼备的"双师型"的教师队伍。"双师型"师资队伍建设要坚持内培外引、专兼结合的原则，建立"产学研"合作机制。一方面，要立足于对现有教师的培训提高，鼓励并支持资产评估专业教师参加与专业相关的社会实践活动。通过进入评估机构参与资产评估具体业务增强感性认识，收集真实的案例素材；也可以针对评估公司存在的技术难题，结合自身的专业特点，以研究项目的形式提高专业实践能力和认识。另一方面，要聘请有经验的高级资产评估师担任资产评估实验教学的校外指导教师，并进行实战授课。"双师型"师资队伍建设应重视高校教师的实践教学工作，在职称评定、绩效考核中适当向实践教学教师倾斜，建立具有吸引力的实践教学机理机制。

参考文献

［1］徐爱农：《资产评估专业本科实践教学的探索》，载于《教育教学论坛》2014年第9期。

［2］郑素娟：《基于应用型本科高校推进产教融合的思考》，载于《现代经济信息》2016年第5期。

［3］李保婵、袁桂萍：《应用型本科院校资产评估课程体系设置》，载于《合作经济与科技》2010年第7期。

［4］赵文报、王凤飞：《深化校外实习基地内涵建设的思考——以河北经贸大学资产评估专业为例》，载于《河北经贸大学学报》（综合版）2015年第2期。

实践教学在学术学位硕士研究生
教育中的应用

胡　皓[*]

近二十多年来，随着我国社会经济的快速发展，社会对于具有创新能力、创业能力和实践能力的高层次应用型专门人才的需求不断增长，国家对高层次应用型专门人才的培养日益重视。一方面，自 2009 年起，全国各高等院校和科研机构按照教育部统一部署规划要求，开始逐步扩大招收以应届本科毕业生为主的全日制硕士专业学位研究生，全国硕士专业学位研究生招生规模出现迅速扩张的局面。2015 年，全国硕士专业学位研究生计划招生 25.23 万人，占全国硕士研究生招生总数的 43.93%，招生人数是 2010 年的 2.3 倍。另一方面，学术学位硕士研究生作为未来攻读博士学位的学术型人才的跳板和主要供给来源，其数量却在逐年下滑。2015 年，全国学术学位硕士研究生计划招生 32.2 万人，招生人数比 2010 年下降了 11%。这表明我国高层次专业人才教育的结构正在发生改变，新时代社会与经济环境对高层次专业人才的需求更加偏向于注重创新实践能力和研究成果转化能力。因此，在新的时代背景下，探讨如何更加有效地开展学术学位硕士研究生教学活动，满足培养目标要求，实现学术学位硕士研究生培养质的发展，是十分必要的。

* 胡皓，经济学博士，副教授，工作单位为广东财经大学财税学院。

兼顾培养实践能力是新时代社会发展
赋予学术型硕士研究生教育的新要求

1. 学术研究不能脱离实践

当今社会究竟需要怎样的学术学位硕士研究生？高等院校学术学位硕士研究生教育应不应该注重实践教学？这是学术型硕士研究生教学中应当高度重视的问题。

传统教育界一般认为，学术型硕士研究生教育定位于高层次科学研究专门人才培养，这决定了学术型硕士研究生教学与专业学位硕士研究生教学不同。学术型硕士研究生教学应强调专业理论知识，不能搞"实用主义"，更不能搞"职业培训"。

因此，有的学校在学术学位硕士研究生的课程设置中，剔除了许多有关"实用"的课程，强调学术型硕士研究生应当以培养科学研究能力为目标，依托专业理论知识，并配套采用相应的理论教学方式，主张在学术学位硕士研究生的教学设计中，应当以讲授专业理论知识为主，主要依靠讨论式教学或论文式教学，比如介绍前沿理论问题、讲读原著，或者布置论文任务等方式，来培养学术型硕士研究生，忽略了教学中对学生实践能力的培养。

这种教学理念既不符合当今学术学位硕士研究生高层次专业人才培养方向，也不利于高等院校培养出适合新时代社会发展要求所需的学术型硕士研究生。因为学术研究不能脱离实践，做学术研究必然也要了解实践中存在的问题。做学术研究本身就必须具有从实践中发现问题的能力、解决问题的能力和动手能力，这些能力的培养都离不开实践。

2. 科研成果的产生和转化都不能脱离实践

学术学位硕士研究生教育定位于高层次专业人才培养，这是毋庸置疑的。而高层次专业人才的内涵更应是与时俱进的。新时代的高层次专业人才不仅需要具备深厚的专业理论研究底蕴，更应掌握实践知识，以提升创新与科研成果转化能力。

在当今社会主义市场经济条件下，高层次专业人才教育不能忽视市场规律的要求。随着我国社会经济的发展，对高层次专业人才的需求正逐步扩大，大部分企业公司急缺的是掌握一定专门理论知识，具有实践能力，能够把科研成果转化成为现实生产力的研究人才。这决定了学术学位硕士研究生教育不能片面强调其探索高深学问这一个方面的功能，而应兼顾实践能力的培养，以适应现代市场需求。不仅要培养学生善于从实践中发现问题、设计科研课题、结合实际问题进行学术研究的能力，而且要培养学生善于把科研成果转化应用于实际，通过实践来检验科研成果的有用性。

在新的时代背景下，学术学位研究生的培养目标应当是掌握某一专业（或科学）领域坚实的基础理论和系统的专门知识，具有较强的从事科学研究的能力，能够独立担负专门技术工作或教学工作，具有勇于创新的科学精神和良好的科研成果转化能力的高层次研究型专门人才。

如果学术学位硕士研究生仅有理论知识而不具备专业实践能力，那么他们即便可以完成理论研究工作，但却无法利用实践知识转化并应用科研成果，自然不会受到企业单位青睐。任何学术研究都必须有实践价值，即使是做基础理论学术研究也不例外。理论来源于实践而又反作用于实践，这是颠扑不破的真理，也是科研成果产生与存在的意义和价值。

在企业招聘现实中，不乏宁可招录有实践能力、工作上手快的本科生而不愿招聘缺乏专业实践能力的学术型研究生的"怪圈"。这不难理解。因为，从招聘企业的角度来看，一般的程序性业务工作具有很强的替代性，本科生与研究生都能做。但本科生要求起点低，会做业务，企业自然无须雇用成本较高的学术型研究生。而对于无法替代的高难度研究成果应用工作来说，学术型研究生理论虽多，但实践能力相对比较薄弱，也无法胜任这类工作。因此，社会上出现了学术型硕士研究生"高不成，低不就"的尴尬就业局面，这也向社会大众传递了接受高等教育的硕士研究生"大事做不来，小事又不愿做"的不良印象，造成了社会大众对高等教育质量的质疑，不利于我国高等教育事业的发展。

3. 没有实践能力的学术学位硕士研究生难以深化学术研究和就业

没有实践能力的学术学位硕士研究生即使获得了一定的学术研究成果，但如果脱离了实践，只是空对空的研究，而不能联系实际解决实际问题，这样的研究成果就没有实际价值，也难以深化进一步的学术研究。即使是学科基础研究也是如此，学科基础研究至少也要应用于学科专业课程研究和教学实践。没有实践能力的学术学位硕士研究生也难以进入博士阶段研究。

由此可见，在学术学位硕士研究生教学中，注重学生实践能力的培养，并适当地采用实践教学法是一个值得重视的方面。不能因为强调专业学位硕士研究生教育是"实践教育"，学术学位硕士研究生教育不能是"职业培训"，而忽视学术学位硕士研究生教学环节中实践能力的培养及其教学中实践教学法的研究。其中的关键在于，我们需要明确专业学位硕士研究生教育与学术学位硕士研究生教育并非水火不相容，"实践能力培养"不等同于"职业培训"，增加设置"实用"课程也不等同于"职业培训"。

没有实践能力的学术学位硕士研究生如果没有考上博士，在就业方面就处于劣势。学术学位硕士研究生的实践能力要求是使其具备创新和研究成果转化能力的基础条件。另外，研究生人才市场也要求学术学位硕士研究生教育不能忽视学生的就业问题，而且就业问题本身也直接影响招生问题。如果一个学术型硕士研究生不善于把理论联系实际、不会动手解决实际问题，甚至连基本的职业工作技能都掌握不好的话，那么要求他成为高层次研究型专门人才的目标更加无从谈起。

目前学术学位硕士研究生实践能力培养中存在的问题

1. 对推行实践教学法的重要性认识不足

在高等教育中，实践性教学环节是培养研究生实践能力和创新能力的重要平台，而这一点往往被忽视。不少人基于"通才"教育的认识，在设置教学计划时，大多注重开设很多所谓的基础课或通识课，而专业课开设相对较少，至于实践方面的课程更是少之又少。

在学术学位硕士研究生教育中，不少高校片面强调研究型教育这一宗旨，都想把高校办成"研究型大学"，形成了一种"重理论，轻实践"的局面。其最直接的表现就是在教育过程中过分强调学术学位硕士研究生发表学术论文的要求，引致在教学过程中教师过多关注理论讲授，过多重视研究理论流派和观点的介绍，忽略了专业实践技能的教育。

这样的培养导向的最终结果往往导致学术型硕士研究生为完成论文而疲于奔命，毕业后才发现什么理论都学了，但什么都不精，一知半解甚至根本不懂如何应用，也不清楚自己发表的论文成果可以如何服务于实际，在现实中能发挥多大的实际效益。甚至有些学术型硕士研究生在就业面试时，对于专业知识实践技能一无所知。这些情况都与不少教师对实践教学法的重要性认识不足有关系。

近年来高校整体不断扩招，加之多年来在高等院校贯彻的有关"通才"教育理念，以及高等教育国民化日益加强的发展趋势，导致一些专业技能课程和实务课程逐渐从学术型硕士研究生教学计划中淡出，这使学术型硕士研究生的专业知识操作技能很贫乏，特别是那些非科班出身的学生，情况更加严重。

20世纪90年代以来，我国大学生就业形势就已日益严峻。随着国民经济的快速发展和经济结构的战略性调整，社会各界对创新研究型人才的需求在不断加大，这些挑战都要求高校的教育思想和办学理念必须得到进一步更新，无论是专业学位硕士研究生，还是学术学位硕士研究生，都必须注重学生实践能力的培养。实践能力的培养为学术学位硕士研究生成为掌握基本专业技能的"专才"打下基础，提升他们在人才市场上的竞争力。

2. 开展实践教学的条件不够充分

开展实践教学需要一定的教学条件，实践教学可以配合理论教学，通过专业课程的作业（或设计）、模拟实验、专业实务实习（或参观）、实际案例讨论教学以及做科研课题调研或社会问题调研等形式，将理论与实践相结合并运用于实践中，培养学术学位硕士研究生分析问题和解决问题的动手能力。

这里说的"作业"是课内实践教学的载体，并非指那种形而上学的简单选择题，而应当是能够引发学生求知欲并自觉思考分析的议题；这里说的"实验"是校园实践教学的载体，不是指运用电脑软件做几道程序性的"操作"练习题，而应当是根据教学目标模拟现实情境设计和运作的具体任务；这里说的"专业实务实习"是社会实践教学的载体，不是指那种缺乏专业教师针对性辅助的"放羊式"实习，而应当是真实社会环境下产生的综合性互助实务锻炼。

通过实践教学和加强专业技能训练，可以提高学术学位硕士研究生的实践能力。实践教学是理论教学的重要补充和有益延伸，对保证教学质量有非常重要的作用。实践教学法的利用有利于对理论知识的理解和发展，有利于培养学术学位硕士研究生的动手能力和创新能力，有利于挖掘学生研究成果转化潜力。

实行这些实践教学，一是需要一定的设备、资料和资金；二是需要一定的具备实践教学技能知识的专业指导教师；三是需要制定相应配套教学规范条文并将其制度化。然而，一些学术学位硕士研究生教学单位虽然名义上具备了某些条件，但实际上并未能有效利用这些条件开展实践教学活动。例如，由于长期对专业实践教学环节的忽视，在教学计划中虽然安排了专业实践教学时间，但是由于学术型硕士研究生整体课程的教学计划总课时数量限制，其他教学环节，比如公共基础理论课教学，挤压了专业实践教学环节，实际上在组织研究生进行专业实践训练的环节时间不足。

由于长期的扩招和经费的限制，使实验设备无法及时更新或者数量不充足，难以有效利用实验设备进行实践教学；学习资料相对比较匮乏，研究数据更新不及时，难以获得国内外前沿资料；也无法带领学术学位硕士研究生走出课堂到课外开展参观、调研等实践教学活动。有些高校为了解决实验设备少、研究生多的问题，对学生采取分组进行一些演示性、验证性、软件操作性的实验，较少进行或没有进行自主性的实验。这不仅影响实践教学的执行效果，也阻碍了学术学位硕士研究生对专业理论知识的运用和创新。

3. 具有实践教学能力的师资建设不够

目前各高等院校普遍存在师生比过高的问题，特别是专业课程教师数量不足且超负荷讲课的现象比较严重，导致专业课程教师鲜有机会去企业公司的专业工作前线进行实践。有的高校专业教师从学校毕业直接到学校工作，长期从事理论教学，较少与外界实业联系，不了解专业理论与专业实践的距离，从而缺乏开展专业实践教学的能力。另外，高校在招聘教师时，往往注重的是高学历和高科研成果，不重视专业教师的专业技能水平考察，使一些专业教师只有理论知识，缺乏实践技能，因而也不具备开展实践教学的条件。

随着时代的发展，实践性教学已经成为教学目标中的一个重要环节，成为评价教学效果的重要因素。实践性教学应该在高等院校所制定的教学计划中得以体现，然而现实情况却是教学计划中并没有很好地将理论教学与实践教学紧密地结合在一起，教学目标的设置不够合理，偏重理论知识教学，轻视实践能力培养。即使在教学计划中设置了一些实践性教学，但其内容相对比较单一，其中所包含的可操作性和创新性的实践教学课程数量也偏少。

学术学位硕士研究生实践能力培养的主要方法与途径

1. 更新教学理念，重视实践能力教学，建立并完善实践教学体系

培养高素质、高质量的创新研究型学术学位硕士研究生专业人才是当今社会对高等教育提出的新要求，而创新离不开实践教学。现代教学要求理论教学本身应当具有实践性，因此，广义的实践教学也应当包含部分理论教学。

实践教学是指具有"实践性"的教学，其具体形式包括课内的实践教学、校园实践教学和社会实践教学。通过建立并完善实践教学体系，把传授知识、培养实践能力和提高综合素质三者融为一体。通过理论与实践相

结合的教学过程，使学术学位硕士研究生获得较系统的本专业基础理论，较全面地获得本专业及相关专业的基本知识技能。

着眼于培养学术学位硕士研究生的动手能力与实践能力，是训练和提高其综合素质能力，以及检验学术学位硕士研究生现代教育教学质量的重要手段，同时也为我们改进和加强实践教学工作、提高教学质量提供了依据。

2. 加强教师实践教学能力的培养，开发实践教学新模式，与企业共同建立学术型硕士研究生实践教学基地

通过建立教学师资队伍定期培训机制，提升指导教师的实践教学水平。合理安排专业课程教师的授课时量，利用定期培训机制安排有条件的课程教师（特别是新进教师）到相关企业单位专业工作第一线进行调查实践，使其了解当前社会上与本专业相关行业的发展形势，推进教师与外界实业单位的联系，积累教师业务经验，为教师推广和研究实践教学法打下坚实基础。

另外，在与企业打交道的过程中，通过课程教师帮助企业解决各类实际困难，比如各项新颁布的政策方针制度如何与企业实际操作层面相结合，形成与企业互惠互利的关系，以此逐步建立与相关企业长期合作的学术型硕士研究生实践教学基地。相应安排指导教师带领学术学位硕士研究生团队到企业实践教学基地实际考察调研，开展实践教学活动，借此提升学术型硕士研究生实际动手能力，提高他们的就业竞争力，促进其创新思维的形成。

3. 建立实践教学保障制度，从根本上改变重理论、轻实践的学术学位硕士研究生教学局面

从建立高等教育单位实践教学制度入手，从学校层面制定学术学位硕士研究生实践教学战略规划以及相应规章制度，并由各个院系具体负责本专业学术型硕士研究生实践性教学环节规划、设计以及具体实施，建立实践教学问责体系，增加实用课程设置，给予开展学术型硕士研究生实践教学足够的经费和时间，切实保证实践教学内容贯彻落实到教学规范中并得

到有效实施，保障相关教学任务人财物力的投入。

　　同时，建立相应的监督检查考核评比制度。例如，定期听课，定期检查，定期组织学术导师间实践教学经验交流会，鼓励组织指导教师与学术型硕士研究生之间定期开展实践交流讨论会，对整个实践教学环节实时监控，及时获取相关信息，针对监控过程中发生的问题及时提供相应解决办法，促进学术型硕士研究生实践教学良性循环。

参考文献

　　［1］《教育部关于做好全日制硕士专业学位研究生培养工作的若干意见》，http：//www. cdgdc. edu. cn/xwyyjsjyxx/gjjl/zcwj/267236. shtml。

　　［2］刘英、倪晓宇、缑斌丽等：《学术型学位与专业学位研究生教育的协调发展》，载于《科技创新导报》2015 年第 12 卷第 15 期。

　　［3］董星、赵振民、董如国：《学术学位硕士研究生基本学术能力培养的实践研究》，载于《价值工程》2014 年第 33 卷第 23 期。

　　［4］瞿落雪：《全日制专业学位硕士研究生实践教学研究》，南京农业大学硕士学位论文，2012 年。

图书在版编目（CIP）数据

资产评估专业建设与实验教学研究 / 全国资产评估高等教育
实验教学研究会，广东财经大学财政税务学院，内蒙古财经大学
财政税务学院主编 . —北京：经济科学出版社，2018.9
ISBN 978 – 7 –5141 –9782 –2

Ⅰ. ①资… Ⅱ. ①全…②广…③内… Ⅲ. ①高等学校 –
资产评估 –学科建设 –研究②高等学校 –资产评估 –教学
研究 Ⅳ. ①F20

中国版本图书馆 CIP 数据核字（2018）第 221848 号

责任编辑：齐伟娜 初少磊
责任校对：杨晓莹
责任印制：李 鹏

资产评估专业建设与实验教学研究
全国资产评估高等教育实验教学研究会
广东财经大学财政税务学院 主 编
内蒙古财经大学财政税务学院
经济科学出版社出版、发行 新华书店经销
社址：北京市海淀区阜成路甲 28 号 邮编：100142
总编部电话：010 –88191217 发行部电话：010 –88191540
网址：www. esp. com. cn
电子邮件：esp@ esp. com. cn
天猫网店：经济科学出版社旗舰店
网址：http://jjkxcbs. tmall. com
北京季蜂印刷有限公司印装
710 ×1000 16 开 10.75 印张 170000 字
2018 年 10 月第 1 版 2018 年 10 月第 1 次印刷
ISBN 978 – 7 – 5141 – 9782 – 2 定价：42. 00 元
（图书出现印装问题，本社负责调换。电话：010 –88191510）
（版权所有 翻印必究 举报电话：010 –88191586
电子邮箱：dbts@ esp. com. cn）